散步好朋友03

鎌倉
おさんぽマップ

U0076727

CONTENTS

▲▽▲▽▲▽▲▽ 鎌倉 特選散步路線37條 ▽▲▽▲▽▲▽▲

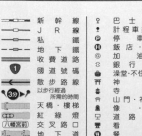

關於本書的地圖裡所出現的符號標誌

新幹線	巴士站牌	洋食餐廳	炸豬排店	和菓子店	摩斯漢堡
JR線	計程車招呼站	法國菜餐廳	豬排蓋飯店	西點店	星巴克
私鐵線	停車場	義大利菜餐廳	蕎麥麵‧烏龍麵店	加工食品店	吉野家
地下鐵	飯店‧旅館站	義大利麵專賣店	拉麵店	麵包店	松屋
收費道路	加油站等	異國美食餐廳	大阪燒店	超市‧市場	ENEOS加油站
國道號碼	銀行等等	中菜餐廳	文字燒店	其他店家	ESSO加油站
散步路線 所需時間	澡堂‧不住宿溫泉	韓國菜餐廳	居酒屋	7-11	出光興產加油站
以步行經過所需的時間	神社	和食‧日本料理店	酒吧	LAWSON	
天橋‧樓梯	寺院	壽司店	咖啡廳	全家	
紅綠燈	山門‧神社門	天麩羅店	甜點	Ministop	
交叉路口	像‧碑	鰻魚店	其他飲食店	麥當勞	
地下道	道路標誌	燒肉‧牛排店	雜貨‧伴手禮店	肯德基	
八幡宮前	看板	蒙古烤肉店	時尚雜貨店	Mister Donut	
	餐廳	串烤店	日系雜貨店		

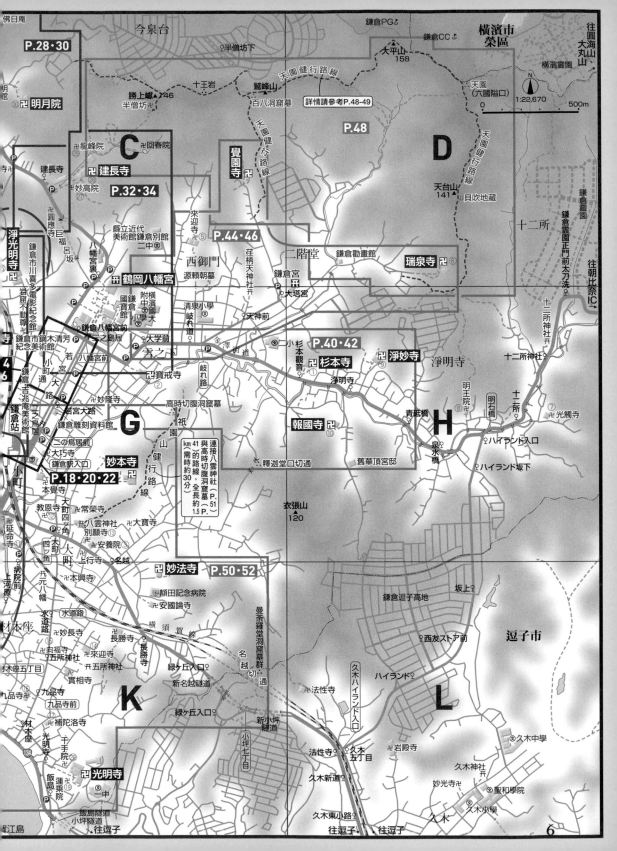

佛日庵

今泉台

鎌倉PG♪

鎌倉CC♪

横濱市
榮區

往圓海山、
大丸山、

P.28·30

明月院

半僧坊下

大平山
158

天園健行路線

天園
(六國隘口)

横濱靈園

往朝比奈IC

龍峰院

回春院

C

建長寺

妙高院

縣立近代
美術館鎌倉別館
二中

來迎寺

P.32·34

八幡宮裏

西御門

源頼朝墓

十王岩

勝上嶽 146
半僧坊

百八洞窟墓

鷲峰山

天園健行路線

覺園寺

詳情請參考P.48-49

P.48

D

天台山
141

貝吹地藏

十二所

鎌倉靈園

鎌倉靈園正門·前太刀洗

淨光明寺

巨福呂坂

圓應寺

鎌倉市川喜多電影紀念館

岩窟不動尊

P.44·46

荏柄天神社

鎌倉宮

鎌倉勸畫館

瑞泉寺

鎌倉市鏑木清方
紀念美術館

附横濱
國中鎌倉
國小國大

大塔宮

P.40·42

杉本觀音

杉本寺

淨妙寺

淨明寺

十二所神社

鎌倉吉兆庵美術館

鎌倉站

八幡宮前

寶戒寺

妙隆寺

高時切腹洞窟墓

二小

淨明寺

報國寺

青砥橋

明王院

明石橋

十二所

光觸寺

ハイランド入口

泉水橋

鎌倉八幡宮前
一之鳥居

大学前

雪之下

金澤街道

天神前

H

ハイランド坂下

P.18·20·22

妙本寺

本覺寺

教恩寺

常榮寺

大寶寺

八雲神社
別願寺

安養院

上行寺

名越

釋迦堂口切通

舊華頂宮邸

衣張山
120

連接八雲神社
(P.51)
與高時切腹洞窟墓
的路線,全長約
1.5 P.

km 41
需時約
30分

G

妙本寺

山
園健行路線

祇

延命寺

病院前

上河原

元八幡

大町

大町四ツ角

四ツ角

本興寺

妙法寺

P.50·52

額田記念病院

安國論寺

曼荼羅堂洞窟墓群

久木ハイランド入口

久木
五丁目

坂上

鎌倉逗子高地

西友ストア前

逗子市

材木座

水道路

妙長寺

長勝寺

横須賀線

名越切

法性寺

ハイランド

L

抹座五丁目

新名越隧道

九品寺前

綠ヶ丘入口

新小坪隧道

久木ハイランド入口

久木新道

法性寺

久木
五丁目

岩殿寺

久木中學

九品寺前

材木座

光明寺

千手院

蓮乘院

飯島

飯島隧道

小坪隧道

往逗子

江島

K

光明寺

二中

小坪七丁目

久木小路

久木新道

久木神社

妙光寺

聖和學院

久木小學

久木東小路

久木

往逗子、往逗子

1:22,670
0 500m
N

感動人心的舞台就是這裡！
鎌倉·湘南 聖地巡禮2017

鎌倉·湘南地區曾作為眾多作品的舞台。2017年也有備受矚目的作品上映或播映，一起來看看吧！

作品的魅力替鎌倉·湘南更添一層深度
欣賞作品後再去旅遊，肯定會覺得更加親近

鎌倉·湘南區域有許多饒富古都風情的景點，是個風光明媚之地，有鶴岡八幡宮、鎌倉大佛（高德院）等神社佛寺，也有材木座到江之島間的海岸，如畫般的景色多彩多姿。當中有許多地方成為電影、電視劇、動畫等日本代表性作品的舞台。

2017年也有好幾部作品挑中鎌倉·湘南地區作為故事背景，從中挑選三部，來猜猜它們的地點吧。

每一部作品都擁有以古都或臨海都市為主體的世界觀，雖然是奇幻創作，但充滿真實感，讓人感覺身歷其境。可先旅遊後再深入作品，也可以先欣賞完作品後再遊覽印象深刻的地點。這回就在鎌倉·湘南散步，來享受這些話題作品的「聖地巡禮」吧！

電影，蘊含了想表達「聲音＝言靈」的力量之意。作品以湘南·腰越站周邊為中心，生動表現出龍口寺門前及境內的氣氛，以及腰越商店街的庶民風情。

《南鎌倉高校女子自行車》（日本1月播出）為主角透過自行車成長的動畫作品。忠實呈現著名寺社等，以鎌倉和湘南為主的名景點，非常有趣。

《DESTINY 鎌倉物語》（日本12月9日上映）這部電影原作為西岸良平的漫畫《妙探急轉彎》，已連載超過30年。堺雅人及高畑充希首度攜手合作，演出跨越時空的冒險奇幻故事。巧妙使用視覺效果創造出充滿臨場感的畫面為一大看點。

《想要傳達你的聲音》（日本8月上映）是部動畫

南鎌倉高校 女子自行車社

2017年1月播出
©松本規之·Mag Garden／「南鎌倉高校女子自行車社」製作委員會

想要傳達你的聲音

2017年8月上映
©2017「想要傳達你的聲音」製作委員會

DESTINY 鎌倉物語

2017年12月9日上映
©2017「DESTINY 鎌倉物語」製作委員會

充滿懷舊昭和風情的奇幻推理作品

年輕的亞紀子（高畑充希飾）嫁給了住在鎌倉的推理作家一色正和（堺雅人飾）。一色正和的犯罪研究知識受到鎌倉警方認可，並協助警方處理由幽靈、怪物、神明等「非人者」在古都鎌倉所引發的詭異事件。

某天他受託調查一起富豪兇殺案，看來似乎並非人類的所做所為⋯⋯。

國道134號

與七里濱平行，在鎌倉高校前站附近也與江之島電鐵並行。西側臨近江之島。

電影外景地遍及鎌倉與江之島各處。

鎌倉高校前平交道

車廂為江之島電鐵代表色綠色的電車，也在作品的官方網站中登場。

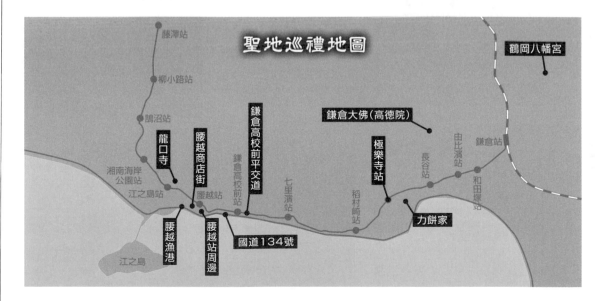

聖地巡禮地圖

藤澤站
柳小路站
鵠沼站
龍口寺
腰越商店街
鎌倉高校前平交道
鎌倉大佛（高德院）
鶴岡八幡宮
極樂寺站
由比濱站
鎌倉站
長谷站
和田塚站
湘南海岸公園站
江之島站
腰越站
鎌倉高校前站
七里濱站
稻村崎站
力餅家
腰越漁港
腰越站周邊
國道134號
江之島

高中生行合渚住在臨海小鎮日之坂町，直到現在她仍然相信小時候祖母告訴她關於「言靈」的故事。某天渚進到一間歇業多年的咖啡廳「海藍寶石」，店內一角擺放著FM廣播機，她一時玩心大起，扮演起DJ。不可思議的是渚的聲音竟然播放出去，傳到意想不到的人耳邊，引發了小小的奇蹟……。

龍口寺前

龍口寺

在電影中稱為蛙口寺，是渚幼年玩伴的老家。從寺院後方的高台可將海景盡收眼底，也能看見富士山。寺院與作品共同推行「龍之口竹燈籠祭」企畫，寺內佈滿整片竹燈籠海，非常漂亮。

腰越漁港

於渚和夕在漁港防波堤上談心一景中登場。忠實呈現了江之島、富士山與伊豆半島群山的剪影。但防波堤的前端禁止進入，敬請留意。

腰越站周邊

海藍寶石咖啡廳為虛構，沒有參考任何店家。電影中的城鎮為神戶橋、腰越橋及小動交叉路口各別的周邊街道結合而成。

腰越商店街

渚與其他人生活的街道，也是作品中的主要舞台。有魚鋪、蔬果店、電器行等曾在電影中登場的店鋪，並且販售合作商品。動畫中也描繪了江之島電鐵從商店街正中央路面奔馳而過的景象。

以南鎌倉為舞台的自行車青春故事

舞春祐美從長崎搬到鎌倉，並進入南鎌倉高中就讀。第一天想騎自行車上學，卻不會騎。接著遇上了秋月巴教她如何騎車，並體會了其中的樂趣。祐美想和同學們一起成立「自行車社」，但校方提出的條件是他們必須在3個月內交出實際成績……。是部描寫一群女高中生的日常生活，透過自行車與各式各樣的人相遇，學會許許多多的事並逐漸成長的故事。

鶴岡八幡宮

在學校活動「社團對抗 鎌倉野外定向運動」中騎著公路車到達的第一站。據說能提升比賽運。

鎌倉大佛（高德院）

動畫中祐美與其他人拍攝紀念照的地點，也進了大佛胎內。

極樂寺站

故事開頭祐美與巴相遇的地點，祐美在這裡摔了一大跤，向巴學習怎麼騎自行車。寧靜的車站環繞在一片綠意中，木造的車站建築曾經入選關東車站百選。

力餅家

祐美與巴一起造訪的店家，並且在那裡遇到班導師，三人一起在鎌倉騎自行車。這間店真實存在，力餅是長谷一帶遠近馳名的特產。

一手拿著麵包享受鎌倉漫步
名店一籮筐的鎌倉·湘南的講究麵包店

在鎌倉·湘南有許多美味的麵包店，使用嚴選食材，堅持製法，從硬麵包到甜麵包，一定能找到你喜歡的種類。外帶不用說，有些還附設咖啡廳，最適合在散步途中小憩片刻！

堅持自家製
下足功夫的麵包與甜點

蜂蜜吐司塔700日圓，在厚片吐司上加上甜點師傳自豪的鮮奶油、焦糖醬和杏仁片

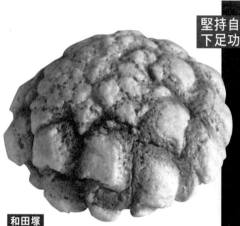

和田塚

お菓子工房 MOANA （參考p.55）

以夏威夷為概念的一間店，充滿手作的居家氣氛。有咖啡廳，可在此度過一段悠閒時光。以主廚嚴選當季水果為首的食材，下足功夫製作的麵包和甜點好評不斷。內餡滿滿的蘋果派和菠蘿麵包等甜麵包也大受歡迎。■9:00～18:00（週六、日、假日為8:00～17:00）／週二及第2週三休／☎0467-61-3191

市場內的麵包店
美麗的花樣非常可愛

小町

PARADISE ALLEY BREAD & CO. （參考p.53）

位於號稱全日本第一間marché（市場）的鎌倉市農協連即售所內。入口有「天然酵母研究所」，充滿嚼勁的硬式麵包種類豐富。麵包表面還會用麵粉畫上美麗的花樣，令人印象深刻。店內有內用區，可享用早餐和午餐。■8:00～18:00（週六、日為7:30～19:30）／不定休／☎不便刊登

晨間套餐600日圓，厚片吐司附蛋或沙拉，含飲料

熱狗拼盤1000日圓。烤得香氣四溢的麵包和熱狗，附沙拉及薯片

稻村崎

RICHARD LE BOULANGER （參考p.61）

店家理念是「希望客人度過仿若置身夏威夷般的悠閒時光」。麵包使用自家培育的葡萄酵母，經低溫長時間發酵，一口咬下美味就在口中散開。特色是柔軟且水份含量高。添加黑糖的瑪芬風味層次豐富，溼潤鬆軟是受歡迎的秘訣。■10:00～18:00／第1、3、5週二、三休☎0467-81-3939

稻村崎的海岸邊集合了眾多
令人食指大動的美味麵包

**傳統德國麵包和
第二代的新麵包都極受歡迎**

雪之下

Bergfeld （參考p.43）

1980（昭和55）年創業。第一代老闆在神戶學習德國麵包製法後開的店。如今第二代老闆山田元在堅守前代味道的同時，也追求創作嶄新的麵包。使用無添加食材和自家製酵母揉製的裸麥麵包和胚芽麵包等，種類齊全。還可在咖啡廳享用午間套餐和三明治。■9:00～18:30（咖啡廳為10:00～）／週二、第3週一休　☎0467-24-2706

裸麥麵包1個453日圓，含40%裸麥，與火腿或起司非常搭

**素食麵包種類豐富
充滿彈性的口感大受喜愛**

蔓越莓腰果麵包1g 2.5日圓（不含稅）。含15%全麥麵粉，酸酸甜甜的蔓越莓搭配堅果非常美味

源氏山

テールベルトとカノムパン （參考p.38）

使用藤澤市當地產的原料小麥，以石臼磨成麵粉。麵糰中添加已有約20年歷史的自製糙米酵母，再以法國製石窯烤箱烘烤而成。幾乎所有的麵包都不添加動物性原料，素食者也可食用。濃郁的小麥甘甜與香氣，配上充滿彈性的口感讓人食指大動。店面附設咖啡廳。■12:00～18:30（咖啡廳為～18:00LO）／週三、四休／☎0467-67-1339

雪之下

ビゴの店 Mon-Péché-Mignon
（參考p.43）

經營者藤森二郎曾在正統法國麵包先驅 Phillippe Bigot大師門下習藝。僅使用小麥、酵母菌、鹽和水發酵製成的傳統麵包，能讓人品嘗到小麥本身的香氣與味道。以硬式麵包為主，丹麥麵包種類也相當豐富。二樓咖啡廳可內用。■7:00～19:00／週一休（逢假日則翌日休）／☎0467-53-7805

簡單的火腿三明治378日圓，每日例湯367日圓

種類多元的法國傳統麵包、丹麥麵包及點心

充滿古早味的日式麵包讓人品嘗到大自然的恩惠

常盤

kamakura 24sekki （參考p.7-F）

這間店不使用酵母菌，而是以福井當地傳承四代味噌廠的菌種，製作出的麵包大受好評。另外食材原料全為植物性來源，包括作為甜味劑的甜酒和麥芽糖等。經長時間發酵的麵包擁有深奧的美味與芳醇的香氣，令人忍不住一口接一口。

■11:00～17:00（咖啡廳為11:30～16:30LO）／週一、二、三休（有不定休）／☎0467-81-5004

Shinowa三明治搭配當季天然蔬菜、青豆與雜糧煮成的湯，套餐1270日圓。三明治中夾入自然栽培的蔬菜與北京烤鴨風味的小麥素肉

▲從面對本堂的右側後方拍攝，能拍出令人印象深刻的夷堂塔剎。　▶這株八重櫻是鎌倉屈指可數的神木。連本堂的屋頂一起入鏡，頗有鎌倉風情。

本覺寺（參考p.51）

從春天的枝垂櫻、八重櫻，到夏天的凌霄花、紫薇，以至於秋天的苦楝子、銀杏黃葉等，四季都有值得一拍的景物。將特色十足的夷堂當背景，就能拍出獨具風味的相片。由於能朝西邊取景，所以也適合拍夕陽。

5分

▲以厚重的祖師堂迴廊為邊框拍攝的紅葉。也能拍新綠和雪景。◀活用早晨特有的光線，以祖師堂為背景拍攝櫻花與海棠。

妙本寺（參考p.51）

深邃溪谷所環抱的寂靜寺院。能以厚重的建築物為背景，拍攝春天的櫻花、海棠與蝴蝶花、夏天的凌霄花，以及秋天的銀杏與楓紅。寺院全天開放，早晨到夜晚的時間點都可自由選擇，極具魅力。

10分

從妙本寺總門旁到安養院的道路，巷弄氣氛也是魅力十足。

\ 引路人 /
攝影師／原田寬

專長是拍攝古都，以鎌倉為一生職志拍攝超過40年。攝影集有《鎌倉》、《鎌倉長谷寺》等，著作有《古都の写し方入門》（古都拍攝入門）、《鎌倉謎解き街歩き》（鎌倉解謎散步）、《鎌倉まつり・行事小事典》（鎌倉祭典、活動小事典）、《鎌倉花手帳》（鎌倉花手冊）等眾多作品。

鎌倉・賞花拍照散散步

帶著相機在充滿四季花卉與自然景觀的鎌倉散步，肯定處處都能遇到動人的拍照時機

大町一帶即使半路上也能拍到各種照片，可要時時留意。

一開門就立刻進入寺院裡，便能拍攝得到夢幻般的照片。

安國論寺 (參考p.51)

以春天的枝垂櫻、秋天的銀杏落葉而廣受歡迎的寺院。只要看準開門的時間造訪，便能捕捉到滿地尚未掃除的銀杏葉，配上這個時間點的早晨逆光，美不勝收。有些年甚至能同時拍到楓紅。

安養院 (參考p.51)

因黃金週前後腹地內會開滿整片杜鵑花海而聞名。只要多留心就能發現四季皆有各式各樣可拍的景物，如夏天的紫薇及秋天的芒草、山菊及櫻紅葉等。禁止使用三腳架，敬請留意。

在本堂左側發現的櫻樹殘葉，連襯寶珠一同入鏡，營造寺院的氣氛。

目標是藍綠色的法華三昧堂屋頂與黃色銀杏葉的對比造形。

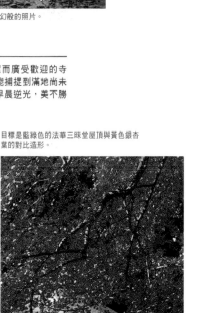

長勝寺 (參考p.51)

本堂帝釋堂是座高大的建築物，非常醒目，蓋在左手邊高台上的法華三昧堂也值得一看。是鎌倉為數不多的室町時代建築，也是神奈川縣重要的文化財。帝釋堂前的日蓮像及四天王像也極為巨大，拍起來魄力滿點。

二之鳥居

蓋在段葛的起點，鳥居前□狛犬是神奈川縣中最大□

三之鳥居

鶴岡八幡宮的三之鳥居。穿過這座鳥居就是神明的領域，因此是與俗世間的結界。

若宮大路

從由濱延伸至鶴岡八幡宮的大道。在段葛的西側有許多商店，展現出鶴岡八幡宮參拜路上的熱鬧景象。

廣域圖 p.6-G

小町通

こまちどおり

說到鎌倉的大門口就是這裡 〔景點〕

散步時間約 **3**小時**00**分

- JR鎌倉站東口
- 步行6分
- 鎌倉雕刻資料館
- 步行9分（段葛）
- 鶴岡八幡宮三之鳥居
- 步行2分
- 鐵之井
- 步行2分
- 鎌倉市川喜多電影紀念館
- 步行2分
- 鎌倉市鏑木清方紀念美術館
- 步行6分
- 鎌倉・吉兆庵美術館
- 步行3分
- JR鎌倉站東口

鎌倉十井之一的鐵之井，因江戶時代曾挖掘出鐵觀音像的頭部而得名

5 鎌倉市鏑木清方紀念美術館

鎌倉市川喜多電影紀念館 **4**

1:2,970　50m

2分

2分

2分

壽福寺400m
錢洗弁財天1.9km
鎌倉站600m

鐵之井

→建長寺・鶴岡八幡宮在P.32-35

往鶴岡八幡宮

合餃子UMINECO
2F MERCER CAFE
2F 幸せのパンケーキ 和紙社頭
聖米迦勒教會
鎌倉まめや
鎌倉みよし
Dolce far niente MALAIKA
服飾チャンスコレクション
2F・OXYMORON
2F 1F CAFÉ ETHICA
ドッキリカレー かんたくん
亜斗夢
陶器鎌倉渋柿庵

小町通

杉養蜂園
みつは志
coin de rue
藝廊・銀杏
酒饅頭・ともや小町店
京漬物・近為
筷子專門店
好らく
陶器茶漬・とら丸
香司鬼頭天薫堂
Good Bee-hive
ワッフル
鎌倉猪肉包
鎌倉点心
インビス鎌倉
腸詰屋 八幡宮店

旅館・小町莊
町通
2F・エスポワール
鎌倉かんざし
咖哩・キャラウェイ
上野菜工房
民部
遊ほ玄
小池小路
酒三河屋本店
OVALE BANYAN TREE COFFE HOUSE
手打蕎麥麵 かまくら山路
津多屋呉服店
鎌倉峰本本店
2F・鎌倉のごはん屋 石渡
かまくら富士商会
八万堂老舗
天玉
やしろ久
陶器処・加満久
陽雅堂
鎌倉雕
鎌倉からり
咖啡齊風の杜
季節料理 あら珠
八幡宮前
鎌倉雕刻本舗 安奈

笹すし
三井住友
さくらや
了庵
酒饅頭・ともや
シャングリラ
鎌倉雕陽陽堂
鎌倉峰
山水堂
鎌倉雕
若宮大路

段葛こ寿々
凸品堂鎌倉
PIZZA DADA
鎌倉雪の下郵局
鎌倉雪の下大樓

若宮大路

八幡宮
八幡宮前 7分

八幡宮
鎌倉紅谷
鎌倉彫総本舗 安奈
鎌倉雕妻屋
鎌倉雕博古堂

鶴岡八幡宮 P.33

三之鳥居

---

4 鎌倉市川喜多電影紀念館

かわきた

紀念館　參觀30分

川喜多長政及妻子かしこ的故居，夫婦兩人曾致力於日本電影的普及化。館內展示電影相關資料，也會播放電影。■9:00～17:00／週一休（逢假日則翌平日休）／200日圓／℡0467-23-2500

建築物改建自川喜多舊宅的主屋

特別推薦 Point!

3 段葛

だんかずら

史跡

鶴岡八幡宮的參拜道路，設置在若宮大路的中央。先堆土再放上葛石，使路面高出一截而稱為段葛。從一之鳥居到二之鳥居間的段葛在明治時代初期拆除。是著名的賞櫻景點。

越接近八幡宮道路就越狹窄，以透視法使道路看起來比實際上更長

以鎌倉市川北電影紀念館為首，在美術館、紀念館等地舉辦的紀念章收集活動，活動已於2018年3月31日截止

宮三之鳥居　　段葛　　鎌倉雕刻資料館　鶴岡八幡宮二之鳥居　　JR鎌倉站東口　路面高低差

2 鎌倉雕刻資料館

參觀 30分

資料館

館內展示約50件從室町時代至現代的鎌倉雕刻傑作及資料，同時播放介紹製作過程的影片，也能體驗鎌倉雕刻（預約制、需付費）。■9:30～17:00／週一休／300日圓／☎0467-25-1502

◀推測以宋朝傳來的技術為基礎，從鎌倉時代製作至今

1 CIAL鎌倉

車站建築

▲（左）融合和風與現代化的洗鍊外觀　（右）1樓商店區是開放的空間

這座車站建築是鎌倉的大門口，於2017年5月翻修完畢正式開放。樓聚集眾多店家，從鎌倉必買商品到限定商品等絕佳鎌倉伴手禮一俱全。2樓是和食料理和咖啡廳。■6:30～22:30（視店鋪而異）無休／☎0467-61-34□

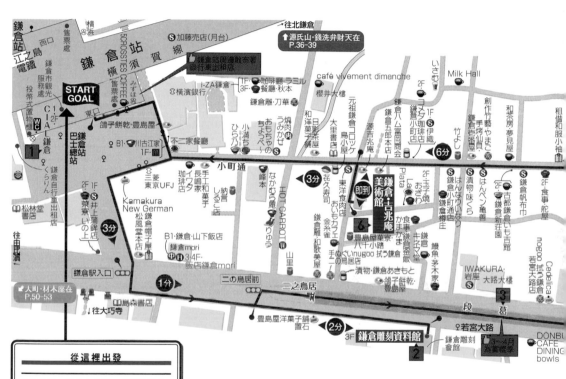

從這裡出發

往鎌倉站…從東京站搭JR橫須賀線約1小時、918日圓（從橫濱站出發約25分、340日圓）。從藤澤站搭江之島電鐵約34分、300日圓。

小町通

鎌倉的主要道路，排滿販售鎌倉名產的商店、餐廳和咖啡廳等觀光客喜愛的店家。狹窄的道路上人潮洶湧，有時會難以前進。

6 鎌倉・吉兆庵美術館

美術館

參觀 20分

和菓子店源吉兆庵開設的美術館。常設展中展示約30件與鎌倉相關的陶藝家北大路魯山人的作品。■10:00～17:00（最後入館為30分前）／第1、3週一休（逢假日則開館）／600日圓／☎0467-23-2788

◀展示品會隨季節更換

5 鎌倉市鏑木清方紀念美術館

美術館

參觀 20

於日本畫家鏑木清方的故居開館，以後捐贈的作品為中心舉辦企劃展和特展■9:00～17:00（最後入館為30分前）／一休（逢假日則翌平日休）／200日圓／☎0467-23-6405

◀入口沉靜外觀富有鎌風情，極具力

2
和食、甜點

茶寮 いの上

可享用到使用井上蒲鉾（魚板）店招牌商品製作的餐點，也能點店面販售的餐點。
■11:00～18:00（週六、週日、假日到18:30）／週一休（逢假日則翌日休）／☎0467-23-3112

◀包含梅花鱈寶和炸豆腐等菜色的「特製いの上便當」1300日圓

1
咖啡廳

DANDELION CHOCOLATE鎌倉店

1樓在巧克力店的後方有露台座位，2樓則是包圍在木質暖意下的咖啡廳。House熱巧克力626日圓，濃厚且有深層的風味。
■8:00～19:30LO／不定休／☎0467-53-8393

◀窗邊的吧台座可欣賞玻璃窗外的風景，正對面就是鎌倉站的月台

こまちどおり

小町通
［鎌倉站方向］

巡訪車站附近的個性派佳餚
〔美食〕

散步時間約
3小時00分

JR鎌倉站
東口

↓步行6分

鎌倉雕刻
資料館

↓步行9分
（段葛）

鶴岡八幡宮
三之鳥居

↓步行2分

鐵之井

↓步行2分

鎌倉市
川喜多電影
紀念館

↓步行2分

鎌倉市
鏑木清方
紀念美術館

↓步行6分

鎌倉・
吉兆庵
美術館

↓步行3分

JR鎌倉站
東口

👍 **實際體驗鎌倉雕刻的餐桌**

鎌倉雕刻會館1樓的俱利咖啡廳，會使用鎌倉雕刻器皿盛裝餐點和飲料，可一邊用餐喝茶，一邊徹底感受鎌倉雕刻在餐桌上使用起來的質感。■9:30～17:00／週一休（逢假日則翌日休）／☎0467-23-0154

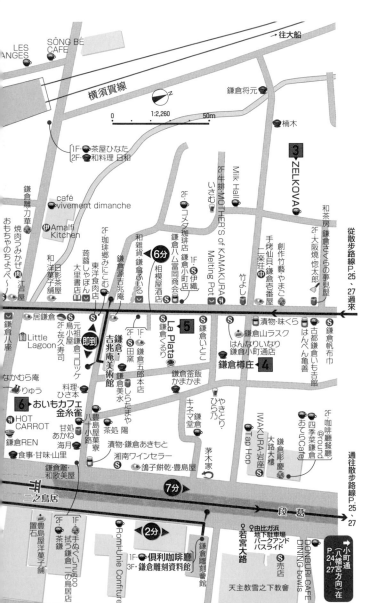

往大船

横須賀線

LES ANGES
SÔNG BÉ CAFE
鎌倉将元
楠木

1:2,260 50m

1F・茶屋ひなた
2F・和料理 日和

café vivement dimanche

鎌倉雕刀華
焼肉うみや
おもちゃのちょっぺ
Amalfi Kitchen
日影茶屋
和洋菓子舖
大里書店
東洋食肉店
蒟蒻ひかり
かまぼう
和雑貨 鎌倉ふいる

鎌倉源吉兆庵
相模屋酒店

ヨシダ珈琲店
鎌倉八ム富岡商会

牛排MOTHER'S of KAMAKURA
いきなり
Milk Hall
2F・珈琲郷にこむ

3 ZELKOVA

和茶房 鎌倉さくらの夢見屋
2F・大阪燒惣太郎
手焼仙貝鎌倉壱番屋
創作竹藝やまご
一深荘
竹よし

居鎌倉
鎌倉八座
Little Lagoon
なかむら庵
りゅう
料理ひさ本

元祖鳥小屋鎌倉コロッケ
斗々ヌ寿司
吉兆庵美術館
鎌倉五郎本店
田窯
しらたまや
鎌倉釜飯
かまかま

5 La Plata
鎌倉いとこ
はんなりいなり
鎌倉小町通店

鎌倉山ラスク
はんぺん亀善

4 鎌倉樽庄

古都鎌倉い布巾
鎌倉いも吉館
鎌倉帆布巾

6 おいもカフェ金糸雀
HOT CARROT
鎌倉REN
食事・甘味・山里

豊島屋菓寮
甘処あかね
茶処 陽

漬物・鎌倉あきもと
湘南ワインセラー
鳩子餅乾・豊島屋

从散步路線P.25、27過來

2F・咖啡廳餐館@round
四季菜彩Cafe
おいもCafe

大路大樓
IWAKURA・岩座
鎌倉彫慶

Tap Hop
2F

キネマ堂
やきとり
ひらり乃

鎌倉彫
和歌美屋

通往散步路線P.25、27

二之鳥居

段葛

7分

由比ガ浜
地下駐車場
パークアンド
バスライド

小町通（八幡宮方向）在
P.24、27

豐島屋本洋菓子舖
茶寮鎌
手ぬぐいingoo
鎌倉二の鳥居店

RomiUnie Confiture

2分

鎌倉雕刻會館

若宮大路
DONBURI CAFE DINING-bowls
売店
天主教雪之下教會

1F・俱利咖啡廳
3F・鎌倉雕刻資料館

◀俱利咖啡廳的午間套餐「精進・刻御膳」1620日圓

從這裡出發

往鎌倉站…從東京站搭JR橫須賀線約1小時、918日圓（從橫濱站出發約25分、340日圓）。從藤澤站搭江之島電鐵約34分、300日圓

---

4 漬物 鎌倉樽庄（たるしょう）

漬物與珍味的專賣店，漬物定食可品嘗到山形縣產的白飯和10種左右的漬物。體會各種味覺刺激，重新發現漬物的奧妙。
■10:00～18:00／無休／☎0467-23-7050

◀在鄉漬定食。漬物定食有3種，皆為760日圓

---

3 咖啡廳 ZELKOVA

在樹蔭下舒適的露台上用餐。提供早餐以香辛料味濃郁的咖哩為首的午餐。附設廊。■7:30～15:30（週三為8:30~14:00）／不定休／☎0467-73-8887

◀附咖啡的間套餐650圓及啤酒6日圓

---

5 餐廳 La Plata

人氣餐點蛋包飯可選擇淋上多蜜醬或綠咖哩等醬汁。店內擺飾著聖誕節飾品。
■10:00～18:00（週五、六、日到21:00）／週一休（逢假日則營業）／☎0467-60-5258

◀口感柔嫩，令人上癮的天使蛋包飯1000日圓～

---

6 咖啡廳 おいもカフェ金糸雀（かなりあ）

蓋在巷弄裡的小小咖啡廳。紫芋冰淇淋、蕨餅、加湯圓的和風聖代和銅鑼燒都大受喜愛。■10:00～18:00（LO17:30）／週三休／☎0467-22-4908

◀おいも鎌倉抹茶聖代830日圓

---

7 甜點 納言しるこ店（なごん）

1953年開業的甜點店，招牌餐點是紅豆麻糬湯，使用北海道產大粒紅豆，特色是綿綿鬆鬆的口感。■11:00～17:15LO／週三、第3週四休（逢假日則翌日休）／☎0467-22-3105

◀份量十足的「冰淇淋餡蜜」600日圓

2 豊島屋
[點心]

第一代老闆以鶴岡八幡宮的鴿子為靈感做的鴿子餅乾，是廣受喜愛的鎌倉伴手禮。用大量奶油，味道樸實而柔和。■9:00～19:00／週三休／☎0467-25-0810

◀鎌倉店才有販售的鴿子餅乾5片裝手提盒648日圓

1 鎌倉旬粹
かまくらしゅんすい

[伴手禮]

嚴選鎌倉特產的甜點及食品。烙印著和風花樣的鎌倉花紋200日圓，是以鬆餅般的外皮包起麻糬與豆沙或布丁等內餡的點心。■9:00～20:00／無休／☎0467-33-5077

◀鎌倉花紋固定的4種口味中也包括當季食材，可享受豐富的變化

小町通
こまちどおり
[鎌倉站方向]

找些不錯的伴手禮（購物）

JR鎌倉站東口
↓ 步行6分
鎌倉雕刻資料館
↓ 步行9分（段葛）
鶴岡八幡宮三之鳥居
↓ 步行2分
鐵之井
↓ 步行2分
鎌倉市川喜多電影紀念館
↓ 步行2分
鎌倉市鏑木清方紀念美術館
↓ 步行6分
鎌倉・吉兆庵美術館
↓ 步行3分
JR鎌倉站東口

四時花朵常開的大巧寺

祈求安產的寺院，大家熟悉的名字是由產女（ubume）訛讚而來的Onmesama。廣地內有四季花卉盛開，當秋天裡日本紫珠結出帶光澤的紫色果實時，是最佳的觀光時機。■9:00～17:00／無休／☎0467-22-5370

→小町通（八幡宮方向）在P.24・27

路面高低差

20m
10
0

22

◀鎌倉旬粋位於CIAL鎌倉1樓，別的地方買不到的鎌倉伴手禮這裡應有盡有

從這裡出發

往鎌倉站…從東京站搭JR橫須賀線約1小時、918日圓（從橫濱站出發約25分、340日圓）。從藤澤站搭江之島電鐵約34分、300日圓

4 壽司　はんなりいなり 鎌倉小町通店

はんなりいなり是在煮得甜辣口味的炸豆皮中，包入加了芝麻的醋飯做成的稻荷壽司捲。還有類似百匯的鮭魚卵鯏仔魚千層派。

■10:00～18:00／無休／☎0467-23-7399

◀讓人單手拿著邊走邊吃的はんなりいなり1個250日圓

3 鎌倉雕刻　鎌倉彫・慶（けい）

鎌倉彫協同組合直營店，有10間工作坊的店。商品種類豐富，從筷子、碗到飾品、箱一應俱全。筷子約2000日元左右，相當價。■10:30～17:00／週三、8月的第3週奇數月的後一日休／☎0467-22-2322

◀春秋兩季會舉辦新作書展

5 和雜貨　鎌倉くるり

集合300種以上手巾、200種以上包巾布的專賣店。設計種類繁多，從古典花色到角色人物都有。另外小零錢包及御朱印帳等和風雜貨的種類也很豐富。■10:00～19:00／無休／☎0467-39-5554

◀店內裝飾著四季花紋的手巾，手巾840日圓～，手巾框6480日圓

6 和菓子　鎌倉五郎本店

創意和菓子極受歡迎。炒過的小麥芳香在口中散開的「麥田麻糬」162日圓、煎餅夾著奶油的「鎌倉半月」6個617日圓等，都是創意發想的傑作。■10:00～19:00／無休／☎0120-07-1156

◀麥田麻糬有豆沙餡的白麻糬和豆粒餡的艾草麻糬兩種

7 火腿　東洋食肉店

創業於1897（明治30）年，名品是特製碳烤豬肉，豬肉先在獨門醬汁中浸泡一晚，再花上4～5小時燒烤。可選擇里肌、大腿等部位，以整塊或切片販售。■8:00～18:00／週二休／☎0467-25-1129

◀特製碳烤豬肉100g 486日圓，是賣完就沒有的限量商品

2 蕎麥麵 鎌倉峰本本店 (みねもと)

茶屋風格的建築樣式帶有創業80年的格調。懷石料理及手打蕎麥麵知名度極高,以磨蕎麥麵系列為首的創意餐點也非常受歡迎。■11:00~20:30／無休／☎0467-22-4431

◀藥膳蕎麥麵中的「蠑螺與扇貝的健康烏醋黑芝麻蕎麥麵1650日圓

1 蕎麥麵 段葛こ寿々 (だんかずら す ず)

使用栽種在海拔1000m地區的帶殼蕎麥,自行磨粉後以手打製麵。帶殼蕎麥經日曬後帶有甜味與光澤。■11:30~18:30LO／週一休(逢假日則翌日休)／☎0467-25-6210

◀滿滿的蘿蔔泥、鴨兒芹及海苔等配料的こ寿々蕎麥麵1080日圓

廣域圖 p.6-G

散步時間約 **3小時00分**

小町通 [八幡宮方向]
(こまちどおり)

講究風味的好店一籮筐【美食】

路線	
JR鎌倉站東口	
步行6分	
鎌倉雕刻資料館	
步行9分(段葛)	
鶴岡八幡宮三之鳥居	
步行2分	
鐵之井	
步行2分	
鎌倉市川喜多電影紀念館	
步行2分	
鎌倉市鏑木清方紀念美術館	
步行6分	
鎌倉・吉兆庵美術館	
步行3分	
JR鎌倉站東口	

鎌倉市鏑木清方美術館

↑源氏山・錢洗弁財天在 P.36-39

鎌倉市川喜多電影紀念館

2分

4 ドッキリカレーかん太くん

CAFE ETHICA 2F 1F

陶器鎌倉渋柿庵

亜斗夢

陶器手づくり屋 江戸職人

NOBU COLLECTION

鎌倉手づくり屋

もみの木茶屋 2F
roomlax Cafe 1F

陶器Gallery YU

RAG

とんぼ玉春日

鎌倉あらい

錢洗弁財天600 1,9400 m k m

壽福寺

2分

ひもの山安

往北鎌倉→

angel

佃煮・柴又丸仁

CAFÉ bee

小物と香りの店 とら丸

鎌倉茶漬 とら丸

good Bee-hiveワッフル

香司鬼頭天薫堂

趣味の店 まどか

La Luce Ristorante 2F

創菓手作 加満久良

笹りんどう

imbiss鎌倉 猪肉包鎌倉点心

萌窯

鐵之井 腸詰屋八幡宮店

2分

鎌倉宮1.2km 建長寺1km

かまくら梅や

季節料理 あら珠 伴手禮・つちや

鎌倉八幡宮前

咖啡廳風の杜

民部

手打蕎麥麵かまくら山路

BANYAN TREE COFFEE HOUSE

鎌倉のごはんやさん 石渡

まぶ本 LA PASSION 仏

TRATTORIA IL SILENE

鎌倉び…とろ 若宮大路店

鎌倉和惣菜近藤

津多屋大樓 1F

鎌倉からり

小池小路 所大石

1F かまくら園

鎌倉OVALE 酒三河屋本店

薬膳YAKUMI 民芸・さくら

杉養蜂園

鎌倉雕陽雅堂

かまくら富士商会 輪心・加満久良

陶器処・加満久良 骨董茶道具八万堂老舗 天金

やしろ

商店

鎌倉雕本本店 2

とんぼ玉春日

八幡宮前

雪ノ下大樓 1F PIZZADADA VANILLE 伊

八鎌倉雕 八勝堂

八幡宮

鎌倉紅谷

M's Ark KAMAKURA 2F Groovy Nuts PAY TOILET

繁茂

鎌倉雕吾妻屋

蕎麥麵・烏龍麵鶴八

堅果專賣店: 鎌倉雕博古堂

鎌倉雕安斎

三之鳥居

往鶴岡八幡宮

(P.33)

鎌倉博古堂

→建長寺・鶴岡八幡宮在 P.32-35

若 宮 大 路

八幡宮

若從這裡出發

往♀鎌倉八幡宮前…從鎌倉站搭江之電巴士需2分、175日圓

👍 **鎌倉嚮導親自帶路**

若想找入導覽鎌倉市內與周邊地區,就去鎌倉導遊協會吧。有史蹟散步、寺社巡禮、賞花勝地等標準路線,6人以下每趟3000日圓,也能依照喜好安排路線。☎0467-24-6548

5 鎌倉みよし

烏龍麵

2015年米其林指南的超值餐廳。天麩羅乾麵建長湯御膳，是烏龍乾麵配上冷建長湯（綜合蔬菜湯）、黃雞肉天麩羅及水煮魛仔魚蓋飯的豪華套餐。■11:15～18:30LO（週六、日、假日→19:00LO）／無休／☎0467-61-4634

◀天麩羅乾麵建長湯御膳1706日圓，展現大廚超凡的手藝

4 ドッキリカレーかん太くん

咖哩

由種植鎌倉蔬菜的農家所經營。かん太咖哩搭配不裹粉油炸的鎌倉蔬菜和醃菜。並提供微辣的印度絞肉咖哩。■11:00～17:30LO／農忙期、天候不佳時休／☎090-1250-0831

◀かん太咖哩附沙拉1200日圓。咖哩醬使用12種香辛料

3 imbiss鎌倉

香腸

自家工廠生產的上州豬肉香腸，有香草香腸等5種類，直接在店裡烤熟販售。還有3種與香腸非常搭的鎌倉啤酒。■10:00～18:00／無休／☎0467-25-5275

◀啤酒套餐1050日圓可自行搭配喜歡的香腸與啤酒

6 鎌倉餃子 UMINECO

餃子

圓盤UMINECO餃子1728日圓，充滿飛魚與鰹魚高湯風味的和風餃子。還有葡萄酒吧可使用。■11:00～16:00、17:00～20:30LO／週一、二休／☎080-1109-2001

◀25個餃子排成圓陣。也有異國風高湯的餃子，散發香菜的香氣

7 MERCER CAFE

咖啡廳

生焦糖戚風蛋糕是戚風蛋糕、微甜鮮奶油與焦糖醬組成的絕妙甜點。BRUNCH KITCHEN為姊妹店。■8:30～21:00／週二休／☎0467-24-5512

◀生焦糖戚風蛋糕與飲料的套餐700日圓

8 Brasserie雪乃下

咖啡廳・餐廳

甜點和使用鎌倉蔬菜的餐點都大受歡迎。推薦菜是「鎌倉溫蔬菜之庭園風」1500日圓，加550日圓可嘗到附飲料的雪乃下特製甜點。■11:00～20:00LO／無休／☎0467-61-2271

◀沐浴在間接照明中的木質傢俱，氣氛沉穩寧靜

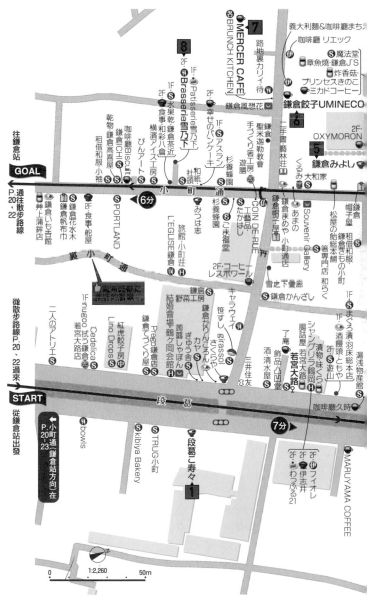

JR鎌倉站東口　鎌倉・吉兆庵美術館　　鎌倉市鏑木清方紀念美術館　　鎌倉市川喜多電影紀念館　　鐵之井

2 Cedelica
西點

創業80年的老店。一口大小的起司蛋糕「雪之下」柔軟入口即化。■9:30～9:00／週二休（逢假日則另擇日休）／☎0467-22-2126

◀起司味濃郁的「雪之下」1個125日圓

1 nugoo 拭う鎌倉 若宮大路店
和風小物 （ぬぐう）

販售超過300種的原創注染手巾972日圓～。原創布製品也非常多樣。■10:30～19:00（週六、日、假日為10:00～）／無休／☎0467-22-5551

◀御朱印帳1944日圓，相同布料的封套2484日圓

地圖標示：
- ↑源氏山・錢洗弁財天在 P.36-39
- 鎌倉市 川喜多電影紀念館
- 鎌倉市 鏑木清方紀念美術館
- NOBU COLLECTION
- 鎌倉手づくり屋
- 江戸職人
- ドッキリカレーかん太くん
- 亜斗夢
- CAFE ETHICA
- 陶器鎌倉渋柿庵
- 陶路 Gallery YU
- もみじ茶屋
- roomlax Cafe
- 錢洗弁財天
- 壽福寺
- 錢洗弁財天駅 600 1,400 m
- RAG
- 鎌倉あらい
- とんぼ玉春日
- ひもの山安
- 往北鎌倉
- 鐵之井…
- 腸詰屋 八幡宮店
- S angel
- 佃煮柴又丸子
- 京漬物近為
- 小物と香りの店。とら丸
- 鎌倉茶飯。とら丸
- 趣味の店。まどか
- 笹りんどう
- imbiss鎌倉
- 猪肉包鎌倉忠心
- 創藝クラフト。まつ本
- 萌窯
- CAFÉ bee
- good Bee-hiveワッフル
- 香司鬼頭天薫堂
- 鎌倉のごはんやさん
- L'Ristorante La Luce
- 鎌倉宮1.2km 建長寺1km
- 鎌倉宮
- かまくら梅や
- 季節料理 あら珠
- 伴手禮・つちや
- 手打蕎麥麵・かまくら山路
- 民部
- 津多屋長春
- TRATTORIA IL SILENE
- LA PASSION
- 鎌倉和惣菜石渡源三郎窯
- 鎌倉紅心
- 鎌倉び…・どろ 若宮大路店
- BANYAN TREE COFFEE HOUSE
- 小池小路
- 2F・玄石／山水堂
- 1F・かまくら
- 鎌倉OVALE
- 酒三河屋本店
- 薬味・YAKUMI
- 杉養蜂園
- 民芸さくら
- 7 かまくら富士商會
- 骨董茶道具八万堂老舗
- 陶器處・加滿久良
- 輪心
- 5 八幡宮前店
- 八幡宮峰本店
- 鎌倉雕陽雅堂
- 咖啡顧風の杜
- 鎌倉八幡宮前
- 鎌倉からり
- S商店
- 八幡宮前
- 鎌倉紅谷
- M's Ark KAMAKURA
- PAY TOILET
- 4 若宮大路
- 雪之下大樓
- PIZZADADA
- IVANILLE
- 八幡宮
- 鎌倉雕
- 鎌倉勝堂
- Groovy Nuts
- 繁茂
- 蕎麥麵・鎌倉吾妻屋
- 鎌倉雕吉兆堂
- 鎌倉雕博古堂
- 鎌倉雕安斎
- 蕎麥麵・烏龍麵鶴八
- 6 建長寺・鶴岡八幡宮在 P.32-35
- 三之鳥居
- 往鶴岡八幡宮 (P.33)

若從這裡出發
往♀鎌倉八幡宮前…從鎌倉站搭江之電巴士需2分、175日圓

廣域圖 p.6-G

小町通〔八幡宮方向〕
（こまちどおり）

逛一圈充滿鎌倉風情的店鋪〔購物〕

散步時間約 3小時00分

- JR鎌倉站東口
- 步行6分
- 鎌倉雕刻資料館
- 步行9分（段葛）
- 鶴岡八幡宮三之鳥居
- 步行2分
- 鐵之井
- 步行2分
- 鎌倉市川喜多電影紀念館
- 步行2分
- 鎌倉市鏑木清方紀念美術館
- 步行6分
- 鎌倉・吉兆庵美術館
- 步行3分
- JR鎌倉站東口

👍 洋溢機能之美的豪華空間

位於M'sArk KAMAKURA 2樓的付費洗手間PAY TOILET。除了男用小便斗之外還有非常充實的設備，另設有附化妝間的女用洗手間，所有人都可安心使用的多用途廁所等，連心情也能放鬆下來。1人100日圓。

5

西點 輪心 八幡宮前点
（わ こ）

使用沖繩產粗糖本和香糖、國產小麥，以及縣產新鮮雞蛋。招牌商品年輪蛋糕850日圓～，也有可一次吃完的大小300日圓。■11：00～17：00／不定休／☎0467-25-4350

◀一次吃完的大小做成容易食用的棒狀

4

鎌倉雕刻 山水堂

原創品牌商品種類豐富。越用越有味道的鎌倉雕刻讓人也想帶入日常生活中。筷枕650日圓～、鑰匙圈600日圓。■9：30～18：15／不定休／☎0467-23-3999

◀店內從盆或碟子等代表性鎌倉雕刻製品到飾物都有

3

漬物 鎌倉野菜工房

以鎌倉蔬菜為主的手醃漬物頗受好評。醃漬液當中加入昆布高湯，醃製成品風味柔和。推薦綜合蔬菜1620日圓。■11：00～19：00／無休／☎0467-55-9628

◀所有產品均無添加物、無色素，可安心食用

6

堅果 Groovy Nuts

50種堅果採秤重販售。也有堅果冰沙、堅果牛奶等飲料，以及調味堅果和堅果點心。能大肆享受堅果美味。■10：00～18：00／無休／☎0467-38-8506

◀使用當地產鰹魚做的鎌倉鰹魚熱沾醬50g 540日圓～

7

木製品 かまくら富士商会

販售木製玩具、木湯匙、丹澤杉便當盒等木製品和雜貨。觸感細緻的木工製品和籃子也很適合當成禮物送人。■10：00～18：00／週三休／☎0467-22-6340

◀從前方起是筷子1080日圓、湯匙450日圓、便當盒2990日圓及馬克杯3560日圓

8

豆菓子 鎌倉まめや
小町通店

熱門的鎌倉伴手禮。帶有花生甜味及恰到好處酸味的「美乃滋花生」80g 216日圓。辣得夠味的「鼈豆咖哩」90g 270日圓。■10：00～18：00／無休／☎0120-395-402

◀美乃滋花生及梅豆216日圓、抹茶270日圓

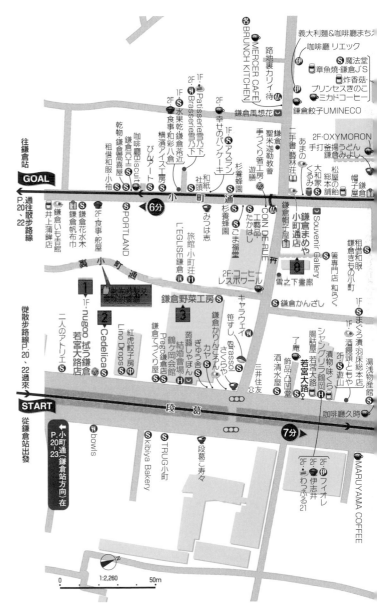

3 北鎌倉葉祥明美術館

美術館 | 參觀20分

繪本作家葉祥明的個人美術館，建築物以畫家兼詩人的父親、夫人及孩子們住過的洋房為藍本。展示水彩畫、油畫、素描等作品。■10:00～17:00／無休／600日圓／☎0467-24-4860

◀磚造的美麗洋房

地圖標示：

利殿　正續院
續燈庵　黃梅院
妙香庵　佛日庵　觀音堂
北條時宗公御廟所
方丈庭園　白鹿洞
大方丈　如意庵
書院　7分

N　1:6,860　0　100m

③ 北鎌倉葉祥明美術館

最明寺入道
北條時宗公墓所　北條時賴公　御廟所
明月院通　2分　茶寮風花
茶室・月笑軒
橘與美術館用 P
庭枯園山水　明月院洞窟墓
開山堂（宗猷堂）
瓶之井
本堂（紫陽殿）　明月院 4

LE MARCASSIN D'OR

鎌倉街道　4分
已成為平緩的斜坡

伴手禮・住宅設備・友野風呂 S
去來庵　上町
手烤仙貝・雷神堂
三日月堂 花仙
長壽寺
備屋珈琲店　3分
國中・鎌倉學園・高中
往建長寺
鎌倉てとら
商店・總門
櫃台　禪居院
天下門
陶器・巨福呂堂 S
地藏廟　車擋　國家指定史跡龜谷坂
延壽堂地藏　龜谷坂　斜坡
圓應寺
建長寺　巨福洞門坂
往鶴岡八幡宮・鎌倉站
建長寺・鶴岡八幡宮在P.32-35

P.36～39 源氏山・錢洗弁財天在
往鎌倉

往岩船地藏

▲雪堂美術館，展示書法家小野田雪堂的作品，能欣賞到帶有溫度的書畫

▲北鎌倉站的圓覺寺方向臨時剪票口沒有車票販賣機，乘車請用IC卡。車票請至對面的剪票口購買

鎌倉五山古寺與繡球花寺〔景點〕

圓覺寺・明月院

えんがくじ・めいげついん

散步路線：

北鎌倉站
步行3分
圓覺寺佛殿
步行7分
圓覺寺黃梅院
步行18分
北鎌倉葉祥明美術館
步行2分
明月院
步行8分
淨智寺
步行5分
東慶寺
步行4分
北鎌倉站

連烏龜也退縮的陡坡

大白天也是一片蓊鬱蒼蒼的「龜谷坂」，是連接山之內與扇谷的坡道，名列鎌倉七切道之一。切通是指鑿山鑿林所開拓出的通道。透過坡道由於太過陡峭，據說連烏龜看了都會打道回府。

---

4 明月院

寺院 | 參拜20分

暱稱為「繡球花寺」的禪寺。可參觀本堂（紫陽殿）前的枯山水庭園、有美麗花菖蒲的後庭園，以及第五代執權北條時賴廟等地。■9:00～16:00（6月為8:30～17:00）／500日圓／☎0467-24-3437

◀明月院洞窟，據傳為上杉憲方之墓

鎌倉五山中
名列第二的名寺

1 圓覺寺

寺院 | 參拜40分

　寺院在老杉覆蓋的腹地內排成一列，周圍環繞著17個塔頭，非常壯觀。據說這裡也是一座歷史悠久的大寺。鎌倉幕府第八代執權北條時宗在1282（弘安5）年，為了悼念元日戰爭的戰歿者而建。鎌倉幕府滅亡後因數度遭遇火災而衰退，於江戶末期的再興期才重建為現今的模樣。■8:00～16:30（12～2月到16:00）／300日圓／☎0467-22-0478

三門●1785（天明5）年重建的樓門。圓覺興聖禪寺的牌區為伏見上皇御筆。

佛殿●供奉寶冠釋迦如來的本堂。天龍圖也很值得欣賞。

百觀音●敕使門與僧房間庭院裡的100尊觀音石像。為江戶時代拙叟尊者奉獻給松嶺院之物。

洪鐘●1301（正安3）年北條貞時所奉獻高2.6m的梵鐘，為國寶。

舍利殿●位於塔頭正續院，為現存最古老的禪宗樣式建築，已指定為國寶。只有在1月1日～3日以及11月取出實物通風時才能近距離欣賞。

佛日庵●北條時宗、貞時、高時的祠堂。充滿雅趣的茅草屋頂堂內安放著三代的木像。可在前院享用抹茶招待。■9:00～16:30（12～2月到16:00）／不定休／100日圓（附抹茶500日圓）／☎0467-25-3562

黃梅院●夢窗疎石的塔所，建在四季花朵點綴的腹地內。從本堂的窗口可欣賞藥師如來像及夢窗疎石的木像。

選佛堂場●建於1699（元祿12）年的坐禪道場，安座南北朝時代的藥師如來像。

地圖標示：往大船 开 八雲神社　雲頂庵　白雲庵　壽德庵　小坂郵局　北鎌倉站　傳宗庵　富陽庵　居士林　法雲庵　選佛場　北鎌倉女子學園前　小坂郵便局前　ベルタイム珈琲　藤源治橋　いろは寿司　北鎌倉珈琲　笹の葉　松花堂　佗助　北鎌倉駅前　こまき茶屋　圓覺寺文學散策板　圓覺寺儀平　松嶺院　閣魔堂　桂昌庵　山門　圓覺寺　正續院　佛殿　鐘樓（洪鐘）　北鎌倉古民房博物館　茶房花鈴　臥龍庵　白鷺池　山之內公會堂　狸穴　藏屋　Takeru Quindici　東慶寺藝廊＆商店　吉野　後醍醐天皇　皇女用堂女王墓　松岡寶物館　東慶寺墓地　洞窟墓　黑布袋尊　横井　淨智寺　佛殿（曇華殿）　コンロラン　お食事処新とみ　にちりん製パン　いれもん屋　雪堂美術館　北鎌倉　明月院　甘露井　愛拜櫃門　鐘樓門　START GOAL　3分　4分　9分　3分　2分　WC

從這裡出發

往北鎌倉站…從鎌倉站搭JR橫須賀線需3分、133日圓（從東京站出發約57分、799日圓。從橫濱站出發約22分、302日圓）

2 北鎌倉古民房博物館

美術館 | 參觀20分

　舉辦日本畫、木工、伊萬里及中國的陶瓷器等企畫展。古民房遷建而成的展示館以及庭院裡的花卉也相當值得欣賞。■10:00～16:30（依展覽而異）／換展期間休／500日圓／☎0467-25-5641

◀展示室內部，完整保留了日本古民宅的氣氛

若從這裡出發

往♀明月院…從鎌倉站搭江之電巴士需6分、175日圓

6 東慶寺

寺院 | 參拜30分

　又名「緣切寺」的古剎。在松岡寶物庫裡可欣賞到眾多寺寶。看看導覽手冊（200日圓）瞭解境內後方的名人墳墓。■8:30～17:00（11～2月到16:00）／200日圓／☎0467-22-1663

◀可欣賞重要文化財聖觀音像等寶物的松岡寶物庫

5 淨智寺

寺院 | 參拜20分

　為供奉第五代執權北條時賴的三男宗政所建的寺院。殿堂雖為關東大地震後重建，但挖有洞窟墓的腹地仍然能讓人追懷往昔。■9:00～16:30／無休／200日圓／☎0467-22-3943

◀通往鐘樓門的石階令人受到歷史

圓覺寺・明月院

えんがくじ・めいげついん

品嘗古都鎌倉之味【美食、購物】

廣域圖 p.6・7-B・C

---

1 茶寮 風花
甜點

明月院門前的甜點店。名產兔饅頭用麵皮包起微甜的栗子餡，再用小蒸籠個別蒸熟。
■10:00～17:00／週三休（逢假日則翌日休／☎0467-25-5112

（左）最受歡迎的抹茶套餐800日圓，兔饅頭附宇治抹茶
（右）一到秋天便有紅葉點綴著入口

地圖標示

利殿 正續院 妙香池 佛日庵 受櫃台 大方丈 書院 如意庵 續燈庵 觀音堂 黃梅院 北條時宗公御廟所 白鹿洞 方丈庭園 7分

北鎌倉 葉祥明美術館

1 茶寮 風花 2分 明月院通 櫃台 北條時宗公墓所 繡明寺入道 北條時賴公 御廟所 茶室・月笑軒 WC 明月院洞窟墓 開山堂（宗猷堂）瓶之井 本堂（紫陽殿）庭枯園山水 明月院

P（橘與美術館用）

佛 LE MARCASSIN D'OR

鎌倉街道 4分 已成為平緩的斜坡

2 去來庵 伴手禮・住宅設備 友野風呂 上町 手烤仙貝 三日月堂 花仙 雷烤神堂

3 鎌倉てとら 3分 備屋珈琲店 建長寺 かまくら五山別館 鎌倉雕・竜華樹 國中鎌倉學園 高中 商店街 總門 往建長寺

長壽寺 地藏 車擋 國家指定史蹟龜谷坂 延壽堂地藏 龜谷坂 禪居院 天下門 下門 櫃台 陶器・巨福呂堂 繡繝 圓應寺 巨福洞門坂 櫃台 巨福洞門

P.36～39 源氏山・錢洗弁財天在 往鎌倉 ◀往岩船地藏 建長寺・鶴岡八幡宮在P.32-35 往鶴岡八幡宮 鎌倉站

---

9 こまき
和菓子

展現鎌倉四季的高級和菓子店。1天只做1種，1個346日圓～（伴手禮為6個起跳）。店內還有和菓子與抹茶的套餐983日圓。■10:00～16:30／週二休／☎0467-22-3316
◀出了車站剪票口後就在眼前

---

8 笹の葉
和食

包圍在竹林中，極為風雅。創意餐點使用無農藥糙米及植物性食材，有益健康且有充分的飽足感。■11:30～14:30LO（過後需先聯絡）／第3週一休／☎0467-23-2068

◀糙米蔬食膳「松」2200日圓

散步路線

北鎌倉站
↓ 步行3分
圓覺寺佛殿
↓ 步行7分
圓覺寺黃梅院
↓ 步行18分
北鎌倉葉祥明美術館
↓ 步行2分
明月院
↓ 步行8分
淨智寺
↓ 步行5分
東慶寺
↓ 步行4分
北鎌倉站

2

燉牛肉

去來庵 (きょらいあん)

昭和初期茶屋風格的店鋪。燉牛肉專賣店，單點2138日圓，套餐3218日圓。大塊牛肉柔嫩味美。■11:00～14:00LO／週四、週五休／☎0467-24-9835

◀燉牛肉套餐為清湯飯或奶油吐司、迷你沙拉，附咖啡或紅茶

3

喫茶

鎌倉てとら

紅茶茶包製造商的直營店，店內常備24種左右的紅茶，可換品牌續杯的free drink（432日圓）頗受好評。■10:00～17:00／無休／☎0467-67-4232

◀另一個名品是使用稀少的日本國產蕨粉製作的本蕨餅950日圓

4

雜貨

コンロラン

店名是越南文「悠悠哉哉」的意思。店內商品以老闆從東南亞、東歐蒐集來的布、紙製品為主，還有飾品等雜貨。■11:00～16:00／週四休、不定休／☎0467-50-0301

◀蘇聯的徽章1個480日圓

5

麵包

にちりん製パン

一對親切夫妻所經營的麵包店。麵包使用自製葡萄乾酵母和湘南麵粉，在店內烘烤出爐。建議12點前後上門。■10:00～17:00（售完打烊）／週四、五休／☎0467-67-3187

◀紅豆麵包200日圓（左）與雜糧麵包130日圓

6

披薩

Takeru Quindici

在獨棟房屋中時尚的和風空間裡，享用當地食材製作的義大利風味。■12:00～14:00LO（週六、日、假日為12:00～13:50、14:10～16:00）、18:00～22:00LO／週二休、每月不定期休1日／☎0467-23-7355

◀能品嘗到起司與番茄醬美味的瑪格麗特披薩1300日圓

7

和菓子

松花堂 (しょうかどう)

因為曾是獻給尾張德川家的貢品而名列「進獻羊羹」。延襲傳統製法，不使用任何添加物的羊羹，擁有高雅的甜味。■9:00～17:00（售完打烊）／週一休／☎0467-22-6756

◀「進獻羊羹」1條140日圓，充滿了入口感。

◀Takeru Quindici的披薩是在柴窯中一口氣烤成，週末請做好大排長龍的心理準備

從這裡出發

往北鎌倉站…從鎌倉站搭JR橫須賀線需3分、133日圓（從東京站出發約57分、799日圓。從橫濱站出發約22分、302日圓）

若從這裡出發

往♀明月院…從鎌倉站搭江之電巴士需6分、175日圓

1

參拜 30分

| 寺院 | 建長寺 |

由第五代執權北條時賴所創立，日本第一間禪寺。曾有49座塔頭，但因二度遭遇火災而衰退。江戶時代由澤庵禪師復興，修整為現今的模樣。寺院從總門到僧房之間排成一列，兩側則散布12座塔頭，充分展現出大寺的風範。

■8:30～16:30／500日圓／☎0467-22-0981

三門●壯麗的樓門（重要文化財），樓上供奉著五百羅漢像。

佛殿●德川二代將軍秀忠夫人的靈廟拜殿，從東京芝公園增上寺移建過來（重要文化財）。供奉巨大的地藏菩薩坐像。

法堂●關東最大的木造建築（重要文化財），主佛為千手觀音坐像。前方則有曾在愛知萬博的巴基斯坦館中展出的釋迦苦行像，天花板的雲龍圖也很值得欣賞。

庭園●位於唐門（重要文化財）後方僧房的後面，可坐在寬走廊上慢慢欣賞。為禪宗樣式庭園的史跡名勝，當中有座心字池。

◀在建長寺建築物中仍為相當巨大的三門

5

參觀 20分

| 博物館 | 鎌倉國寶館 |

負責保管鎌倉地區的文化財。收藏並展示約5000件的國寶及重要文化財等級的文物。

■9:00～16:30（最後入館為30分前）／週一休（逢假日則翌日休）、換展期間休／費用依展覽而異／☎0467-22-0753

◀建築物仿照奈良的正倉院

若從這裡出發

往♀鎌倉八幡宮前…從鎌倉站搭江之電巴士需2分、175日圓

鎌倉五山之首和最受歡迎的古寺〔景點〕

けんちょうじ・つるがおかはちまんぐう

建長寺・鶴岡八幡宮

👍 與北條泰時相關的大門口

在建長寺與鶴岡八幡宮之間有個「巨福呂坂」，據說於1240（仁治元）年，由鎌倉幕府的執權北條泰時所開闢，為鎌倉七切通之一。現在使用的是明治時期開闢的新道。

散步時間約 3小時30分

建長寺巴士站

步行2分

建長寺

步行2分

圓應寺

步行11分

神奈川縣立近代美術館鎌倉分館

步行4分

鶴岡八幡宮樓門

步行3分

鎌倉國寶館

步行5分

鶴岡八幡宮三之鳥居

步行11分

JR鎌倉站東口

地圖標示

天園健行路線在 P.48-49

狛犬

大覺池

坊道

大路

建長寺 1

翔山堂

1:7,000

鎌倉とも乃 西點・デセール茶房・鎌倉歐林洞サロン

今宮开

●鶴岡文庫

2分

寶物殿

鶴岡八幡宮 4

本宮

樓門 若宮

白旗神社开

3分

WC

舞殿

5 鎌倉國寶館

鶴龜石

櫃台

東鳥居

源平池

鎌倉宮小

筋替橋

旭屋本店

P.44-47 鎌倉宮・瑞泉寺在

和稚園

毛玉池

畠山重忠邸址

濟館 參拜所 休願所

神苑牡丹 庭園

神苑牡丹

筋替橋

→往杉本寺十二所

茶織菴

大学前

P.40-43 杉本寺・報國寺在

寶戒寺 櫃台

二佐坊昌俊邸址

P.鎌倉宮・瑞泉寺在

往八幡宮前

和良姓さくら

特別推薦 Point！

4 ⛩️ 神社 鶴岡八幡宮

參拜 40分

鎌倉代表性景點之一。始於1063（康平6）年，源賴義平定奧州回到鎌倉，在由比濱暗中供奉源氏的守護神石清水八幡宮。1180（治承4）年由源賴朝遷移至現在的地點，1191（建久2）年整修上下兩宮外觀，成為鎌倉幕府的象徵。現在的社殿及腹地內的景觀則是江戶時代整修的成果。■腹地內自由參觀／☎0467-22-0315

源平池●面向御本殿，右邊為源氏池、左邊為平家池。源氏池內有種植白蓮的三（產）島，平家池內則有種植紅蓮的四（死）島，據說是為了祈求源氏的勝利，故稱源平池。

舞殿（下拜殿）●建於若宮迴廊遺跡上的社殿，傳說靜御前思慕著義經而在此舞蹈。

本宮●已指定為國家重要文化財，祭祀應神天皇、比賣神、神功天皇。

寶物殿●位於本宮的西迴廊，展示太刀、神像、古文書等。■8:30～16:00／200日圓

白旗神社●塗黑的社殿令人印象深刻。祭祀源賴朝與源實朝。當豐臣秀吉前來鎌倉攻打小田原的後北條氏時，曾在此地拍拍賴朝像的肩膀說：天下英雄唯吾與汝。神社因為此逸事而聲名大噪。

神苑牡丹庭園●位於源氏池東邊至南邊的迴遊式庭園。種植1～2月盛開的正月牡丹與4～5月為賞花季的春牡丹，只在各別的花期開放參觀。■花期的9:00～16:30（最後入場為30分前）／500日圓

從這裡出發

往🚶建長寺…從鎌倉站搭江之電巴士需5分、175日圓。從北鎌倉站步行需15分

---

2 寺院 圓應寺 （えんのうじ）

參拜 10分

本堂供奉據傳為運慶所製的閻羅王坐像（重要文化財），左右則配祀其他十殿閻君，重現陰間的景象。可見到審判死者的光景。■9:00～16:00（12～2月到15:30）／不定休／200日圓／☎0467-25-1095

◀小而美的寺院腹地，丹桂盛開的秋天美不勝收

---

3 美術館 神奈川縣立 近代美術館 鎌倉分館

參觀 30分

收藏松本竣介等人的西畫、片岡球子等人的日本畫、棟方志功等人的版畫，以及中原悌二郎等人的雕刻等等。■9:30～17:00（最後入館為30分前）／週一休（逢假日則開館）／費用依展覽而異／☎0467-22-5000

◀除了展示室（左）外，在建築物前還有雕刻之庭（右）

攝影：上野則宏（右）木奧惠三（左）

建長寺·鶴岡八幡宮

けんちょうじ·つるがおかはちまんぐう

名剎古社的門前商店〔美食、購物〕

↗天園健行路線在 P.48-49

狛犬
坊道
大覺池

長寺

N
1:7,000
0   50   100m

鎌倉とも乃 **3**
點·デセール茶房·
鎌倉歐林洞サロン

今宮开

P 鶴岡文庫
P
2分
寶物殿
鶴岡八幡宮开
本宮
白旗神社开
3分
若宮
樓門
WC
舞殿
鎌倉國寶館
WC
太鼓石
WC
池
齋館
参拜者
休憩所
鎌倉附小 文
東鳥居
畠山重忠邸址
箭替橋
旭屋本店
神苑丹
庭園
8
茶織菴
大学前
P
P.44-
47
鎌倉宮·瑞泉寺在
P.40-
43
杉本寺·報國寺在
往杉本寺十二所
和食処さくら
寶戒寺在
寶戒寺
賴台
佐坊昌俊邸址

7

和食 **季節料理 あら珠**

窗外可欣賞日本庭園。午餐有各式各樣的便當，例如有生魚片、燉菜、燒烤、蒸飯、甜點及水果的あら珠便當「靜」等等。■11:00〜21:00／無休／☎0467-39-6221

◀份量十足的あら珠便當「靜」2678日圓

8

蕎麥麵 **茶織菴**

（さおりあん）

可品嘗到手打二八蕎麥麵，麵條混合埼玉三芳町產與北海道產的蕎麥粉。口感與彈性為自豪之處。■11:30〜18:30／週一、第3週二休（逢假日則翌日休）／☎0467-73-8873

◀茶織蕎麥麵1330日圓，蕎麥麵上擺上滿滿的水煮蝦、炸麻糬、水菜及柚子等配料

9

伴手禮 **TEA LENTEE**

錫蘭茶專賣店，店內茶以Morning Fresh 100g 800日圓為首，常備有25種品項，最少50g，採秤重販售。■10:30〜18:00／週二休（逢假日則翌日休）／☎0467-25-0714

◀漂亮的罐子1個220日圓，放入紅茶後可當成禮物

今宮

後鳥羽上皇的慰靈神社，是鶴岡八幡宮的附屬神社，因此也稱為新宮。

10

木製品 **かまくら富士商会**

販售木製玩具、木湯匙、丹澤杉便當盒等木製品和雜貨。觸感細膩的木工製品和籃子也很適合當禮物送人。■10:00〜18:00／週三休／☎0467-22-6340

◀從前方順時針是午餐盤4320日圓、飯勺1728日圓〜、便當盒2990日圓

散步時間約 **3**小時**30**分

建長寺巴士站
↓ 步行2分
建長寺
↓ 步行2分
圓應寺
↓ 步行4分
神奈川縣立近代美術館鎌倉分館
↓ 步行4分
鶴岡八幡宮樓門
↓ 步行3分
鎌倉國寶館
↓ 步行5分
鶴岡八幡宮三之鳥居
↓ 步行11分
JR鎌倉站東口

圓應寺　　建長寺·建長寺巴士站　　路面高低差
50m 25 0

1

和菓子 三日月堂 花仙 <ruby>花仙<rt>かせん</rt></ruby>

販售各式充滿四季風情的和菓子。微甜的自製內餡「相州傳鎌倉銅鑼燒」195日圓。店內也有飲茶空間。■9:00～17:00／週一休（逢假日則週三休）／☎0467-22-8580

◀在氣氛沉穩的店內品嘗抹茶及高級和菓子

2

咖啡廳 備屋珈琲店 <ruby>備屋珈琲店<rt>びんやこーひーてん</rt></ruby>

以備長炭烘焙自家的豆子，點餐後開始沖泡。兼具香氣與苦味的「備屋流咖啡」750日圓。「備屋流苦味特調咖啡」850日圓。■10:00～17:00（週六、日、假日到18:00）／無休／☎0467-22-9191

◀蛋糕加飲料的套餐1100日圓～

3

魩仔魚山椒 鎌倉とも乃

使用國產魩仔魚做的魩仔魚山椒，有以淡色醬油調味的「淺炊白造」和以深色醬油調味的「燉煮濃造」兩種。■10:00～17:00／週一休（逢假日則翌日休）／☎0467-84-8003

◀（左）魩仔魚山椒「かまくらの朝」1盒1296日圓～（右）適合早餐吃的佃煮等菜色也很豐富

4

茶屋 茶房有風亭 <ruby>茶房有風亭<rt>さぼうゆうふうてい</rt></ruby>

可體驗在茶室中由專人沖泡的抹茶。抹茶來自京都宇治的丸久小山園。抹茶或咖啡搭配甜點的鎌倉套餐1000日圓。■10:00～18:00／不定休／☎0467-24-3739

◀抹茶與甜點的套餐1000日圓～。有三種抹茶可供選擇

5

鎌倉雕刻 博古堂 <ruby>博古堂<rt>はっこどう</rt></ruby>

店裡販售的鎌倉雕刻採用後藤家構思出的「乾口塗」和「後藤彫」等技法製作，「後藤彫」為將花紋輪廓的角做刮圓處理。平價的小鏡子11500日圓～。■9:30～18:00（11～2月到17:30）／無休／☎0467-22-2429

◀也有用色明亮的商品

6

鎌倉雕刻 鎌倉彫 陽雅堂 <ruby>鎌倉彫 陽雅堂<rt>かまくらぼりようがどう</rt></ruby>

店內有圓盤和墜飾等多彩多姿的鎌倉雕刻。掌心大小的迷你木屐自古以來就是祈求生意興隆與家族興旺的吉祥物，廣受大眾喜愛。■9:00～17:30／無休／☎0467-25-3736

◀有各式鞋帶與台面花紋的迷你木屐2200日圓～

從這裡出發

往♀建長寺…從鎌倉站搭江之電巴士需5分、175日圓。從北鎌倉站步行需15分

往北鎌倉

圓覺寺・明月院在P.28-31

三日月堂花仙

いも吉館

建長寺

備屋珈琲店

鎌倉雕・竜華樹

鎌倉學園國中・高中

START

天下門

2分

商店

總門

WC

法堂

佛殿

鐘樓

妙高院

2分

這裡開始是平緩的下坡

巨福呂坂洞門

圓應寺

巨福呂坂

送水電時隧道

青梅聖天社

史跡巨福呂坂

神奈川近代美術鎌倉

鎌倉街道

巨福呂坂

AMISH COOKING鎌倉

西鳥居

7

季節料理あら珠

鎌倉八幡宮前

乾物・山安

鐵之井

鎌倉市川喜多電影紀念館

八幡宮前

平家池

三之鳥居

八幡宮

風の杜

鎌倉彫 陽雅堂

6

かまくら富士商会

小町通

10

5

鎌倉里のうどん

茶房有風亭

4

若從這裡出發

往♀鎌倉八幡宮前…從鎌倉站搭江之電巴士需2分、175日圓

八幡宮

小町

11分

若宮大路

小町通在P.18-27

GOAL 往鎌倉

阿佛尼之墓

《十六夜日記》中記載阿佛尼為了領地之爭而下鎌倉的經歷，因而聞名。

圓覺寺・明月院在 P.28-31

2 錢洗弁財天（宇賀福神社）

神社　參拜15分

源賴朝在巳年巳月巳日巳時夢到「將秘境湧出的泉水供為神佛前，可得一國繁榮」，因而奉祀宇賀福神。■8:00～16:30／腹地內自由參觀／☎0467-25-1081

▶將錢放在笊籬中，用鎌倉五名水之一的錢洗水清洗

特別推薦 Point！

以靈水洗淨金錢和欲望 〔景點〕
げんじやま・ぜにあらいべんざいてん
源氏山・錢洗弁財天

JR鎌倉站西口

↓ 步行22分

佐助稻荷神社

↓ 步行7分

錢洗弁財天

↓ 步行7分

源氏山公園（源賴朝銅像）

↓ 步行11分

海藏寺

↓ 步行10分

淨光明寺

↓ 步行5分

壽福寺三門前

↓ 步行17分

JR鎌倉站西口

往北鎌倉

橫須賀線

往長谷

德川忠長公供養塔

藥王寺

鐘樓

岩船地藏

藥王寺入口

妙傳寺

冷泉為相墓

網引地藏

佛殿

冷泉為相墓

淨光明寺 4

泉之井

鐘樓・WC

收藏庫

藤谷黃門遺跡

卿舊泉為相

扇谷上杉管領屋敷跡

護國寺

獲池鎌跡

鎌倉山莊

大黑屋商店

淨光明寺150m→
藥王寺300m→
龜谷切通500m↑
鎌倉站800m→

斉藤建設

源賓朝墓→
北條政子墓→

6 5 英勝寺

壽福寺

太田道灌邸舊跡

不動茶屋

高濱虛子墓→
大佛次郎墓→

三門

本堂

外門

WC

八坂大神

電話亭

鎌倉市川喜多電影紀念館

不動窟不動

岩窟不動

陶器・ギャラリー匠

鎌倉歷史文化交流館

電話亭
鎌倉はちみつ園

湘南俱樂部

巽神社

車擋

サンルー島心

法式點心島心

TUZURU

Osteria Gioia 伊
泰國食堂
Baan Hua Don

サンレモ
ホテル
ニューカマクラ
炸排
勝烈庵

鎌倉ワイン館

紀ノ国屋

市役所前

市前
市公所

GARDEN HOUSE

竹扇

鎌倉站

P.小18町27通在

西口　東口

鎌倉駅

START GOAL

👍 學習鎌倉歷史文化的新名勝

2017年5月「鎌倉歷史文化交流館」開幕，可從出土文物、照片、影片等學習從古至今的歷史文化。建築物由國際性的設計公司所製作，非常有魅力。

從這裡出發

往鎌倉站…從東京站搭JR橫須賀線出發約1小時，918日圓（從橫濱站出發約25分、340日圓）。從藤澤站搭江之島電鐵約34分、300日圓

1 佐助稻荷神社

さすけいなりじんじゃ

神社　參拜10分

源賴朝遭流放至伊豆時，夢見扇谷的稻荷老人告訴他「舉兵出征」，之後重建了社殿。神社因幫助了佐殿下（即源賴朝）而得名。■腹地內自由參觀／☎0467-22-4711

◀穿越鳥居隧道登上石階即到達社殿

3

公園 **源氏山公園**

登上化粧坂就會看到這座建在源氏山山頂一帶的公園。設有草坪廣場、散步道和櫻花行道樹，是市民休憩的場所。春天的杜鵑花與秋天的紅葉美不勝收。■自由入園

◀源賴朝銅像坐落於公園廣場

4

寺院 **淨光明寺**（じょうこうみょうじ）

參拜 20分

第六代執權北條長時創建的後醍醐天皇勅願所。在阿彌陀堂可參拜鎌倉土紋裝飾的主佛。■9:00～16:00／8月與雨天休／免費／☎0467-22-1359

◀這間客殿後方的高台上建有阿彌陀堂與收藏庫

特別推薦 Point!

5

寺院 **英勝寺**（えいしょうじ）

參拜 15分

由德川家康的側室阿勝夫人所創，往後為尼姑庵，並由水戶德川家的女性擔任住持。有創建時蓋的佛殿、祠堂、唐門及鐘樓。■9:00～16:00／不定休／300日圓／☎0467-22-3534

◀茶花、梅花、櫻花、杜鵑及繡球花依次盛開

6

寺院 **壽福寺**（じゅふくじ）

參拜 15分

北條政子於源賴朝過世的翌年1200（正治2）年創建。三門、佛殿禁止參觀，但據傳為政子與實朝墳墓的洞窟墓，以及高濱虛子與大佛次郎的墓可參觀。■部分可參觀／☎0467-22-6607

◀從總門筆直延伸至中門的參拜道路

葛原岡神社

祭祀著日野俊基，他是天皇的忠臣，因身為倒幕的首謀而遭處死。

海藏寺

曾經為塔頭院之一的名剎但如今只剩下堂與佛殿。十井也別錯過。

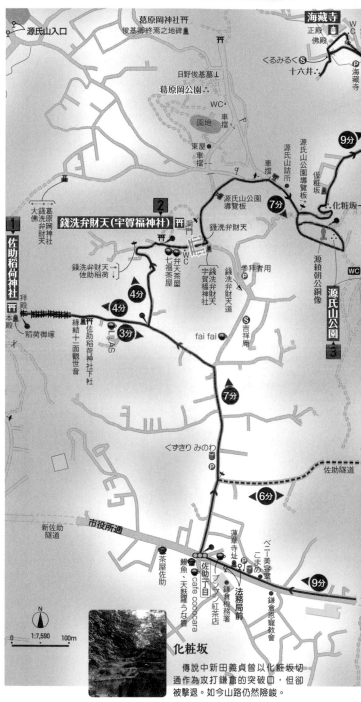

化粧坂

傳說中新田義貞曾以化粧坂切通作為攻打鎌倉的突破口，但卻被擊退。如今山路仍然險峻。

茶房 雲母（きらら）

點餐後現做的湯圓甜點很受歡迎。
■11:00～17:30
LO（週六、日、假日為10:30～）
／無休／☎0467-24-9741

3 咖啡廳 湘南倶楽部

自1988（昭和63）年創業以來，便提供大量使用三浦半島新鮮蔬菜的餐點。也有花上長時間燉煮的牛肉燴飯。■11:30～黃昏／週二、三、第3週四休／☎0467-22-1914

◀4道蔬菜附法國麵包的 Deli salad 1080日圓

右側路線圖標示
往北鎌倉
往長壽寺
圓覺寺・明月院在 P.28-31
橫須賀線
テーベルトと カノムパン（P.14）
德川忠長供養塔
藥王寺
鐘樓
薬王寺入口
斉藤建設
岩船地蔵尊
扇之井
妙傳寺
冷泉為相墓
佛殿
網引地蔵
淨光明寺
泉之井
收藏庫
鐘樓・WC
藤谷黃門遺跡碑
冷泉舊跡之相
鑽過鐵路
鎌倉山莊
大黒屋商店
6分
阿佛尼之墓
淨光明寺150m↑ 藥王寺300m↑ 龜谷切通500m↑ 鎌倉站800m↑
2分
櫃台
扇谷上杉管領屋敷跡
3分
護國寺
英勝寺
太田道灌邸舊跡
岩窟不動
源實朝墓↑ 北條政子墓↑
壽福寺
三門
本堂
外門
不動茶屋
不動明王
鎌倉市川喜多電影紀念館
高濱虛子墓↑ 大佛次郎墓↑
八坂大神
電話亭
WC
S
車擋
陶器・ギャラリー匠
15分
鎌倉歷史文化交流館
電話亭
鎌倉はちみつ園
S
巽神社
湘南倶楽部 3
5分
5 法式點心 サンルイ島
4 TUZURU
P.小町通在 18・27
P
6
Osteria Gioia 泰國食堂 Baan Hua Don
7
鎌倉ワイン館
サンレモ
ホテル ニューカマクラ
H
炸排・勝烈庵
P
紀ノ国屋 M
市役所前
2分
GARDEN HOUSE
竹扇
START GOAL
鎌倉站
西口 東口
鎌倉駅
市前 市公所

◆標註說明
這一帶有時會結冰，行走時小心
※標註有點陡但車不參

無論住宅區或腹地內都有好店〔美食、購物〕

げんじやま・ぜにあらいべんざいてん

源氏山・錢洗弁財天

JR鎌倉站西口
│ 步行22分
佐助稲荷神社
│ 步行7分
錢洗弁財天
│ 步行7分
源氏山公園（源賴朝公銅像）
│ 步行11分
海藏寺
│ 步行10分
淨光明寺
│ 步行5分
壽福寺三門前
│ 步行17分
JR鎌倉站西口

2 咖啡廳 cafe cococara

品味極佳的咖啡廳，讓人想吃個手工甜點、喝杯咖啡休息一下。有豆沙奶油吐司550日圓等。■10:30～18:00L.O.／週三、第2週二休（逢假日則營業）／☎0467-81-4648

◀巧克力蛋糕 500日圓與咖啡500日圓

1 咖啡廳 ブンブン紅茶店

日本紅茶協會認證的店家，使用老闆親自採購的茶葉。可選擇阿薩姆、大吉嶺等10種產地。推薦蛋糕套餐。■10:00～19:00／週二休／☎0467-25-2866

◀鬆脆的雪片蓮蛋糕搭配不同產地紅茶的套餐870日圓

4 TUZURU

文具

以鋼筆為主，也有卡片、信封信紙組等「書寫」商品。店內還有寫信用的空間。
■11:00～18:00／週三休（逢假日則翌日休）／☎0467-24-6569

◀觸感舒適、越用越有味道的木軸鋼筆3000日圓～

5 法式點心 サン・ルイ島

西點

店內販售16種左右的手工蛋糕，有類似烤布丁的法式櫻桃布丁蛋糕378日圓、使用一整顆蘋果的翻轉蘋果塔486日圓等。
■10:00～18:30／週三休／☎0467-24-2434

◀從創業開始就大受歡迎的法式櫻桃布丁蛋糕（前）及翻轉蘋果塔

6 Osteria Gioia

義大利菜

使用自家栽種的蔬菜。包含主菜、前菜、義大利麵和自製麵包等的午間B套餐2500日圓，非常熱門。
■11:30～15:30、18:00～22:30／週三（逢假日則翌日休）、第3週二休／☎0467-24-6623

◀經濟實惠的A套餐1900日圓

7 泰國食堂 Baan Hua Don

泰國菜

老闆在泰國居住多年，在這裡能享用到正統的泰國菜。在日本難得吃到的寬河粉頗受好評。■11:30～15:00、18:00～21:00LO／不定休／☎0467-67-0967

◀甜、酸、辣的泰式酸辣河粉1250日圓～。軟Q口感超讚

葛原岡公園

在鎌倉時代刑場遺跡上設有涼亭和長椅的自然公園。與源氏山公園齊名的賞櫻勝地。

くずきり みのわ

剛做好的葛粉920日圓是絕頂美味。■10:30 16:30LO／僅週（不定休）、六日、假日營業
☎0467-22-034

從這裡出發

往鎌倉站…從東京站搭JR橫須賀線約1小時、918日圓（從橫濱站出發約25分、340日圓）。從藤澤站搭江之島電鐵需約34分、300日圓

1:7,590　100m

2 報國寺

寺院 | 參拜 20分

鎌倉公方（職位名）逝世之地，可能是足利尊氏的祖父家時，或宅間上杉氏之祖重兼所創建。在孟宗竹繁茂的竹之庭裡散步，可看見據傳為持氏與義久墳墓的洞窟墓。
■腹地內自由參觀／☎0467-22-0762
◀竹之庭深處有間茶店「休耕庵」

特別推薦 Point！

1 淨妙寺

寺院 | 參拜 20分

じょうみょうじ

由足利義兼創建，1331（元弘元）年足利尊氏為埋葬父親而復興。可在復原後的茶室喜泉庵享用抹茶600日圓（附乾菓子）。
■9:00～16:30／100日圓／☎0467-22-2818

◀建在腹地內的本堂，有美麗的梅花、白玉蘭與牡丹

すぎもとでら‧ほうこくじ

巡訪金澤街道上的古剎〔景點〕

杉本寺‧報國寺

浄明寺巴士站
↓ 步行2分
淨妙寺
↓ 步行6分
報國寺
↓ 步行7分
杉本寺
↓ 步行12分
釋迦堂口切通
↓ 步行15分
歧路交叉路口
↓ 步行7分
寶戒寺
↓ 步行15分
JR鎌倉站東口

👍 閑靜優美的洋風建築與庭園

舊華頂宮邸是建於1929（昭和4）年的洋風建築，可欣賞到法式庭園。宮邸內在春季及秋季會各開放兩天。■10:00～16:00（10月～3月到15:00）／週一、二休（逢假日則翌日休）／免費

浄妙寺巴士站内的幌子，可憑幌子購買和添加香料的瓦煎餅

石窯ガーデンテラス Ⓦ‧WC

足利貞氏之墓
收藏庫

喜泉庵 Ⓦ‧WC

3 杉本寺
二階堂青少年會館
二階堂兒童會館「めだか」
にかいどう子ども の家

鐮報淨
倉國妙
青寺寺
少670350400
年mmm

WC 鐘樓

杉本觀音
櫃台‧

K&T 工房
廣瀨橋

淨明寺郵局

報杉淨
國本妙
寺寺寺
130270200
mmm

石材‧石春產業

LA CASITA

報國寺入口

淨妙寺 1

櫃台‧

杉本寺330m
報國寺200m
光觸寺1.1km

2分

フレンドリー鎌倉
犬懸橋
左可井

八百代商店
和さび
器と雜貨 RAKU

SAISON GEN
鎌倉梅のや

7分

石材‧石春產業

魚菜佳有 百舌
よねベーカリー

5分 滑川

田樂辻子路
上杉朝宗及氏憲邸址

杉本寺200m
報國寺350m
釋迦堂口切通
（禁止通行）400m
到平成巡禮道
衣張山15分

4分

Ⓢ Simoty World

START

金澤街道

往十二所

茶道宗徧流止觀亭
宗徧流家元山田邸

枯山水庭園

竹之庭 竹之庭櫃台
休耕庵 ‧WC
鐘樓

報國寺 2

寺院內‧洋風建築，閑靜古剎曾寄耕庵

舊華頂宮邸

N 1:6,630 0 200m

從這裡出發

往♀浄明寺…從鎌倉站搭京急巴士鎌23、24、36路需8分、195日圓

東勝寺橋

青砥藤綱舊跡，傳說他在滑川遺落了10文錢，卻花50文錢買火把來找。

4
寺院 寶戒寺 參拜 15分

1335（建武2）年由足利尊氏所創建，用以安撫北條一門的死者。建有本堂、聖德太子堂及大聖歡喜天堂的腹地內有四季花朵盛開。■8:00～16:30／100日圓／☎0467-22-5512

◀可參拜子育經讀菩薩坐像（重要文化財）、梵天帝釋天像及十王像的本堂

3
寺院 杉本寺 參拜 30分

734（天平6）年創建，安座一尊由行基雕刻的十一面觀音立像。在851（仁壽元）年及986（寬和2）年，圓仁及惠心僧都各安座一尊自行雕刻的十一面觀音立像。

◀茅草頂的本堂及供養塔，供養塔為祭祀在寺院後山的杉本城戰歿者

報國寺的枯山水庭園

位在本堂後方的美麗庭園，白砂與綠苔形成漂亮的對比。在秋天還可欣賞紅葉。

若從這裡出發

往🚏大學前…從鎌倉站搭京急巴士鎌20、23、24、36路需4分、175日圓

5
史跡 高時切腹洞窟墓 參觀 10分

北條一門的菩提寺東勝寺的遺跡。1333（元弘3）年第十四代執權北條高時等人被新田義貞擊敗，全族870餘人在此地自盡。也是鎌倉幕府140年歷史落幕之地。

◀洞窟墓中立著五輪塔

釋迦堂口切通

無論規模或造型之美都是鎌倉第一的切通。現在有崩塌的危險而禁止通行，請小心不要太靠近。

2 GEN
咖啡廳

販售西餐與手工蛋糕。餐點有咖哩、義大利麵、燉飯和焗烤。蛋糕也很推薦。
■10:30～17:00／週二、第1、3週三休／☎0467-24-9592

◀蘑菇咖哩加飲料的套餐1570日圓

1 よねこベーカリー
麵包

含80%米粉的麵包口感Q彈。有源自報國寺竹之庭的竹輪麵包，以及包入白飯和福神漬的咖哩飯麵包等等。■7:30～16:00（週六、日、假日為7:00～）／週二、四休／☎0467-22-6288

◀砂糖麵包129日圓、草莓果醬奶油麵包162日圓、吐司（半條）237日圓

廣域圖 p.6-G·H

すぎもとでら・ほうこくじ
杉本寺・報國寺

小店也有名店【美食、購物】

散步時間約 **3小時55分**

▼▼▼▼▼▼▼▼▼▼

- 淨明寺巴士站
- 步行2分
- 淨妙寺
- 步行6分
- 報國寺
- 步行7分
- 杉本寺
- 步行12分
- 釋迦堂口切通
- 步行15分
- 歧路交叉路口
- 步行7分
- 寶戒寺
- 步行15分
- JR鎌倉站東口

▼▼▼▼▼▼▼▼▼▼

▲左可井販賣的竹筒素麵也是名品。素麵套餐1500日圓～

▲在報國寺腹地內的休耕庵，可一邊欣賞竹之庭一邊享受小憩片刻。抹茶500日圓

從這裡出發

往♀淨明寺…從鎌倉站搭京急巴士鎌23、24、36路需8分、195日圓

42

5

火腿、香腸 **Alter Stadt**

經過鹽醃、14天低溫熟成、再以櫻木片煙燻的火腿和香腸有眾多愛好者。里肌火腿100g 561日圓。■10:00～18:30／無休／☎0467-22-6181

◀僅冬天販售的白香腸100g 410日圓

4

星鰻 **左可井**（さかい）

餐廳改建自老闆的私宅，可在宛如秘密基地的店內品嘗老闆自豪的星鰻蓋飯。味道淡雅的煮星鰻口感柔嫩，是一道絕妙佳餚。■11:30～14:30LO／週二、第1、3週三休／☎0467-24-7759

◀星鰻蓋飯1400日圓，附湯和煎蛋捲。充滿高湯鮮味的煎蛋捲也是熱門菜

3

陶器 **器と雑貨RAKU**

信樂燒、美濃、伊萬里等器皿以及餐具、漆器、玻璃製品都很齊全。每件都特色十足且適合在日常生活使用。■11:00～17:00／不定休／☎0467-23-8822

◀貓頭鷹和咪的信件架各2700日圓

若從這裡出發

往♀大学前…從鎌倉站搭京急巴士鎌20、23、24、36路需4分、175日圓

6

和菓子 **旭屋本店**

以添加柔軟紅豌豆的麻糬皮包起豆粒餡的「豆大福」1個162日圓。豆的鹹味與餡的甜味相得益彰。■9:30～18:00左右／週一休（逢假日則另擇日休）／☎0467-22-2622

◀通常中午過後不久就銷售一空

田樂辻子路

從大御堂橋通往報國寺門前的路稱為「田樂辻子路」，因「田樂（日本傳統舞樂）師居住的辻子（十字路口）」而得名。

巡訪花之寺與賴朝相關地點 【景點】

鎌倉宮・瑞泉寺
かまくらぐう・ずいせんじ

3 護良親王墓
史跡
もりながしんのうのはか

遭足利直義家臣砍下的大塔宮護良親王首級，據說由理智光寺的住持埋葬。在長長的石階上，矗立一座彷彿由玉垣所保護的寶篋印塔。

◀寬廣的墓園
由宮內廳管理

◀花草樹木環繞的瑞泉寺參道

りちこうじあと
理智光寺址

傳說護良親王的首級由這座寺院的住持埋葬。

2 瑞泉寺
寺院
參拜 15分

1327（嘉曆2）年由夢窗疎石創建的臨濟宗古剎，之後因成為足利家四代的菩提寺而興榮。坐落在紅葉谷深處的腹地廣達16萬㎡，種植梅花、水仙、櫻花、牡丹和胡枝子等，是座四季皆可賞花的「花之寺」。腹地內後方還有1970（昭和45）年發掘並修復的庭園。
■9:00～17:00（進門到16:30）／無休／200日圓／☎0467-22-1191

▲花木環繞的本堂（上）與據傳為夢窗疎石創作的名勝庭園

特別推薦
Point!

1 鎌倉宮
神社
參拜 15分

1869（明治2）年由明治天皇創建，蓋在後醍醐天皇的皇子大塔宮護良親王遭幽禁的東光寺遺跡上。祭祀親王的社殿後方，還有曾幽禁過親王的土牢，以及放置親王首級的御構廟。
■腹地內自由參觀／☎0467-22-0318

白木建造的本殿（左），後方有幽禁親王長達九個月的土牢（右）

天園健行路線在P.48-49

往獅子舞（紅葉谷）、天園健行路線

永福寺舊跡

瑞泉寺70m
天園健行路線入口10m
覺園寺3.9km120分
建長寺3.7km110分
鎌倉宮650m

松隆吉田先生留跡碑

瑞泉寺400m
鎌倉宮400m

天然酵母麵包

お休み処もみじや

8分

6分

永福寺寺跡指定史跡

瑞治玄橋
瑄曽光寺橋

理智光寺址

護良親王墓 3

鎌倉凜林

WC

櫃台

庭園

瑞泉寺 2

由於吉田松蔭的伯父在瑞泉寺擔任住持，因此松蔭也來過瑞泉寺朝拜數次

天園健行路線
天園約1.6km→
建長寺約3.8km
覺園寺約4km

以優雅的心情享受咖啡時光

位於住宅區的咖啡廳CAFE SANS SOUCI可一邊舒適地休息，一邊聆聽古老唱盤播放的唱片。特調咖啡「風雅」600日圓，還可以挑自己喜歡的杯子。■11:30～18:00／週三休／☎0467-23-7223

大塔宮巴士站

步行1分

鎌倉宮

步行15分

瑞泉寺

步行24分

覺園寺

步行16分

荏柄天神社

步行7分

源賴朝墓

步行7分

來迎寺

步行12分

岐れ道巴士站

宮巴士站　瑞泉寺　大塔宮巴士站　60m 30 0　路面高低差
鎌倉宮

5 荏柄天神社

參拜 10分

神社

源賴朝奉以鎮守幕府鬼門的神社，主神為菅原道真。繪筆塚有154位漫畫家畫的河童圖，千萬別錯過了。■8:30～16:30／無休／免費／☎0467-25-1772

◀彷彿為了替紅漆社殿增色而盛開的白梅、紅梅

6 來迎寺

參拜 10分

寺院

據傳為一遍上人創建的古剎。本堂內的如意輪觀音坐像雕著鎌倉特有的土紋，是倍受矚目的傑作。■腹地內自由參觀／本堂10:00～16:00／不定休／200日圓／☎0467-24-3476

◀透過對講機申請參拜本堂

4 覺園寺

參拜 50分

寺院

此古剎起源於1218（建保6）年第二代執權北條義時創建的大倉藥師堂，由第九代執權北條貞時重建。位於藥師谷內的細長形腹地，可跟隨導覽員依序參觀安座藥師三尊（重要文化財）的藥師堂→江戶時代農家轉用的僧堂→十三佛洞窟墓→安座黑地藏（重要文化財）的地藏堂。■10:00～15:00的整點有導覽（平日12:00休）／4月27日、8月、12月20日～1月7日、雨天、天候不佳時休／500日圓／☎0467-22-1195

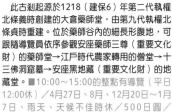

◀可自由參拜的愛染堂。在前方的等候所裡等候導覽

源賴朝墓

1199（正治元）年1月過世的源賴朝之墓。現在的多寶塔據說建於1777（安永8）年。

大江廣元之墓

賴朝自朝廷延攬而來並重用的親信之墓，位於法華堂遺跡上。右鄰島津忠久墓，據傳他是島津家之祖、源賴朝之子。

從這裡出發

往♀大塔宮…從鎌倉站搭京急巴士鎌20路需8分、195日圓

若從這裡出發

往♀岐れ道…從鎌倉站搭京急巴士鎌20、23、24、36路需5分、175日圓

◀荏柄天神社內的繪筆塚，表面貼著畫有河童的銅板

岐れ道巴士站　來迎寺　源賴朝墓　荏柄天神社　覺園寺

社寺參道上的美食餐廳【美食、購物】

鎌倉宮‧瑞泉寺
かまくらぐう‧ずいせんじ

大塔宮
巴士站

步行1分

鎌倉宮

步行15分

瑞泉寺

步行24分

覺園寺

步行16分

荏柄
天神社

步行7分

源賴朝墓

步行7分

來迎寺

步行12分

岐れ道
巴士站

2 鎌倉凛林
中國菜
りんりん

福建省華僑老闆做的健康中國菜低油、低鹽、低糖。午間全餐4000日圓～，需預約。■11:00～14:30LO、17:00～19:30LO／不定休／☎0467-23-8535

◀（上）每月更換的凛林昼御膳2700日圓　（下）能讓人有如被朋友邀到家中作客的氣氛下用餐

1 Cafe GRASS
咖啡廳

擺著藤椅和木桌的露台非常引人注目，是間可愛的咖啡廳。店內附設的「Atelier kika」展示住在湘南的藝術家作品。蛋糕加飲料的套餐1000日圓。■12:30～17:30／不定休／☎0467-24-7025

◀在開放式的露台放鬆一下

3 手打ちそば処
蕎麥麵
鎌倉武士
かまくらたけし

店家的理念是「提供真正的食物」。蕎麥粉為國產，麵味露堅持使用最高級柴魚。■11:30～16:00（週六、日、假日為11:00～）／週四休（逢假日則翌日休）／☎0467-23-8777

◀全蕎麥粉製作的蕎麥麵1200日圓，從粗細及長度可看出店主的功力

由於吉田松陰的伯父在瑞泉寺擔任住持，因此松陰像也來過這座寺廟好幾回

瑞泉寺70m
天園健行路線
入口10m
覺園寺3.9km120分
建長寺3.7km110分
鎌倉宮650m

松陰吉田先生留跡碑

櫃台

WC

↑天園健行路線在P.48-49

往獅子舞（紅葉谷）／天園健行路線

永福寺舊跡

通玄橋

永福寺別緑指定史跡、国家写真跡也地區

理智光寺橋

瑞泉寺400m
鎌倉宮400m

理智光寺址

護良親王墓

天園健行路線
天園約1.6km
建長約3.8km
覺園寺約4km

鎌倉凛林 2

往天園

瑞泉寺
天園‧瑞泉寺

往明王院

天然酵母麵包
coboooobo

お休み処‧もみじや

瑞泉寺

8分

6分

物殿

5 moguRa食堂
咖啡廳

可享用定食與咖啡的咖啡廳。今日定食1000日圓，附和牛犍肉及根莖類蔬菜湯等5道菜色。■11:00～16:00LO／週三、四休（逢假日則營業）、有不定休／☎090-8087-0076

◀moguRa特調咖啡搭配自製生起司蛋糕的甜點套餐750日圓

4 cucina italiana ACCI
義大利菜

過去曾在托斯卡尼地區習藝，可品嘗到以托斯卡尼鄉土菜為基底的餐點。■11:30～14:30、18:00～21:00（晚上需在當天15:00前預約）／週二、第2週三休／☎0467-53-8184

▲荏柄天神社的參拜道路，兩棵大樹交叉宛如鳥居

◀午間套餐1944日圓～。附前菜、自選義大利麵、自製麵包。（左）私宅改裝的店面，品味絕佳（右）

法國菜 **Nature et Sens**

使用有機無農藥的鎌倉蔬菜與當季食材。每月更換一次菜色，午餐3780日圓～，晚餐5184日圓～。■11:30～13:30LO／17:30～20:00LO／週三休（逢假日則翌日休）／☎0467-61-3650

◀無論點哪一道菜都能吃到滿滿的當季蔬菜

6

蕎麥麵 **千花庵**（ちはなあん）

嚴選國產蕎麥粉，店主手打的全蕎麥麵無論在口感或風味上都是出類拔萃。下酒菜和蕎麥做的甜點種類也是十分豐富。■11:00～14:30LO／週一休（逢假日則翌日休）／☎0467-22-6517

◀附炸蝦的蔬菜天麩羅蒸籠1890日圓

8

麵包 **Bergfeld**

曾向德國麵包師傅習藝的店主製作的正統麵包。推薦德國結麵包162日圓、罌粟籽麵包捲194日圓。■9:00～18:30／週二、第3週一休／☎0467-24-2706

◀以「小孩子也能吃得安心」為理念做出的麵包和甜點

▲覺園寺的紅梅，這座寺院內也有大量的花草樹木

▲荏柄天神社的繪筆塚上貼的河童畫

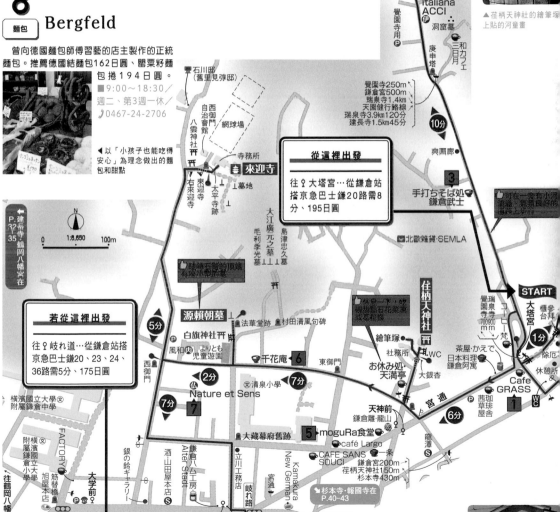

從這裡出發
往♀大塔宮…從鎌倉站搭京急巴士鎌20路需8分、195日圓

若從這裡出發
往♀岐れ道…從鎌倉站搭京急巴士鎌20、23、24、36路需5分、175日圓

覺園寺250m
鎌倉宮500m
瑞泉寺1.4km
天園健行路線
瑞泉寺3.9km120分
建長寺1.5km45分

▲覺園寺的紅梅

4

史跡

貝吹地藏
（かいふきじぞう）

參觀 5分

1333（元弘3）年鎌倉幕府最後一任執權北條高時在東勝寺的洞窟墓內自盡，據說當時這尊地藏石佛吹著螺貝引導保護著高時首級逃亡的士兵們。

◀由於位在道路崩塌的陡坡上方懸崖，走近時請特別留意

天園休憩所

可品嘗到使用春天的竹筍、夏天的蘘荷等以本地產當季食材所做的餐點。■10:00～日落／不定休

▲鎌倉市最高點大平山（海拔159m）

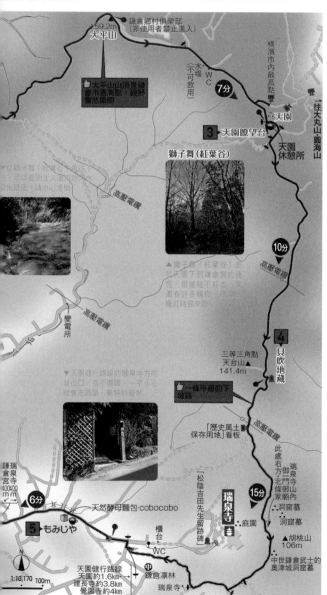

59.2m
大平山

鎌倉郷村倶樂部
（非使用者禁止進入）

水場（不可飲用）·WC

7分▲

橫濱市內最高點

往天丸山·圓海山

天園

3 天園瞭望台

天園休憩所

▲大平山山頂是鎌倉市內最高點，綠野蔥蔥豁然開朗

獅子舞（紅葉谷）

▲獅子舞（紅葉谷）並從天園下到鎌倉宮的途徑，但坡很不好走。風園有許多楓樹，在紅葉時節來訪

高壓電纜

10分

高壓電纜

變電所

高壓電纜

▼天園健行路線的瑞泉寺方向登山口，很不明顯，一不小心就會走過頭，要特別留意

三等三角點
天台山▲
141.4m

4 貝吹地藏

一條平緩的下坡路

「歷史風土保存用地」看板

此處右邊是瑞泉寺北門·御山條御山家廟內

·洞窟墓
·洞窟墓

▲胡桃山
106m

▲中世鎌倉武士的奧津城洞窟墓

15分

瑞泉寺
庭園

松隆吉田先生留跡碑

鎌倉凜林

瑞泉寺

天然酵母麵包·cobocobo

6分

鎌倉瑞泉寺400m

5 もみじや

N

1:10,170 100m

天園健行路線←→瑞泉寺約1.6km·建長寺約3.8km·覺園寺約4km

櫃台 WC

廣域圖 p.6-C·D

享受輕鬆健行

天園健行路線
（てんえんはいきんぐこーす）

👍 **重現賴朝的古寺**

源賴朝創建的永曆寺在1405（應永2）年燒毀，之後透過挖掘調查發現有淨土式庭園的頹地，並整修為公園。健行回程中務必去一趟。■9:00～17:00（11月～3月到16:30）

5

咖啡廳

もみじや

前往瑞泉寺途中的休息處。可選擇蕎麥麵或是關西風烏龍麵，搭配蒸飯的套餐1200日圓。■11:00～16:00／週五休（逢假日則營業）／☎0467-25-4672

◀蒸飯的食材會因季節而改變。手工甜點也非常美味

散步時間約 2小時30分

- 建長寺巴士站
- 步行15分
- 半僧坊
- 步行12分
- 百八洞窟墓
- 步行15分
- 大平山
- 步行7分
- 天園瞭望台
- 步行10分
- 貝吹地藏
- 步行15分
- 瑞泉寺入口
- 步行10分
- 大塔宮巴士站

百八洞窟墓　十王岩　勝上巘瞭望台　半僧坊　　　建長寺 建長寺巴士站　　200m 100 路面高低差

從明月院谷登上另一條登山路線

特別推薦 Point!

從建長寺走到瑞泉寺雖然已經是固定路線，但推薦第二次造訪的人可走明月院谷到勝上巘瞭望台的道路。一路上有樹根路、岩盤道、階梯等等，走起來並不輕鬆，但有些地方可從樹林之間遠眺橫濱地標塔，不妨走一回看看。

▲也有穿越竹林隧道的路段

2 十王岩

史跡　參觀 5分

健行路線旁的高處有塊大凝灰岩，表面雕著十王像，但由於嚴重風化，已經看不清樣貌。從十王岩瞭望台可遠眺鎌倉市區與湘南的海。

◀十王岩由於逐漸風化，模樣已難辨認

3 天園瞭望台

瞭望台　參觀 10

由於能看見相模、伊豆、駿河、上總、下總、武藏（日本古地名），故名為六國峠口。山頂上有間茶屋，是健行者們的休憩所，非常熱鬧。這塊心靈綠洲上360度的大全景能讓疲勞飛到九霄雲外。

◀雖然海拔僅159m，但可眺望鎌倉市區與湘南海岸的壯闊景觀

特別推薦 Point!

往明月院

P.28-31 圓覺寺明月院在

勝上巘瞭望台

半僧坊

明月谷明月院

十王岩瞭望台

弘法大師石像

覺園寺‧天園

天園健行路線

15分

10分

2分

鷲峰山

百八洞窟墓

「此處前方進入建長寺腹地，請在總門入口的參拜售票處自由捐獻（300日圓）」

建長寺（半僧坊）約0.7km
天園約1.5km
瑞泉寺約3.2km
覺園寺約0.9km

百八洞窟墓

洞窟墓指的是小洞窟中鎌倉特有的橫穴式墳墓，數量眾多，據說有3000處以上

神奈川勝景50選 鎌倉十王岩眺景

運動場

神靈戰士之碑

河村瑞賢遺跡 登山口

天源院
龍峰院
僧房谷
寶珠院

半僧坊道
正統院
庭園
回春院
大覺池

狛犬

WC

建長寺

紫雲閣　櫃台

總門

▶建長寺‧鶴岡八幡宮在 P.32-35

往建長寺巴士站

覺園寺

十二佛洞窟墓
藥師堂

舊內海家住宅（僧房）

愛染堂 庫裏
休憩所

WC
櫃台

洞窟墓

覺園寺方向

國家指定永福寺跡特別保存

永福寺

和カフェ‧三日月

覺園寺250m
鎌倉宮500m
瑞泉寺1.4km
天園健行路線
瑞泉寺3.9km120分
建長寺1.5km45分

庚申塔

鎌倉宮‧瑞泉寺在 P.44-47

往大塔宮巴士站‧鎌倉宮

二階堂

START 從建長寺巴士站出發

5分

從這裡出發

往♀建長寺…從鎌倉站搭江之電巴士需5分、175日圓。從北鎌倉站步行需15分

1 半僧坊

寺院　參拜 10分

從建長寺後方山谷爬上247階的石階即可到達。1890（明治23）年從靜岡的奧山方廣寺迎來半僧坊大權現。眺望富士、伊豆、大島的景觀非常漂亮。■建長寺入山8:30～16:30／300日圓

◀空氣澄淨的日子可從寺務所清楚望見伊豆與大島

▲勝上巘瞭望台至十王岩之間的樹根路，樹根突出路面蜿蜒在道路上，一定要注意腳下

◀▼富士山近逼眼前的勝上巘瞭望台，下方山谷中的建長寺一覽無遺

若從這裡出發

往♀大塔宮…從鎌倉站搭京急巴士20路需9分、195日圓。從瑞泉寺步行需15分

4分

往鎌倉宮‧大塔宮巴士站

GOAL 往大塔宮巴士站

大塔宮巴士站　通玄橋　　天園健行路線 瑞泉寺入口　　　貝吹地藏　　天園瞭望台

5 安國論寺

寺院　參拜20分

あんこくろんじ

有日蓮聖人寫下《立正安國論》的御法窟、面窟以及日朗上人御荼毘（火葬）所等，皆說著聖人當年所受的迫害。■9:00～16:30週一休（逢假日則公開）／100日圓／☎0467-22-4825

◀重建的御小庵，後方為御法窟

◀多為祈求安產的大巧寺，一般暱稱為「Onmesama」

6 長勝寺

寺院　參拜10分

ちょうしょうじ

始於皈依日蓮聖人的石井長勝在1263（弘長3）年所開創的一間小庵。屋頂上裝飾著寶珠的帝釋堂令人印象深刻。四天王像所守護的日蓮辻說法像，是從東京的洗足池搬移過來的。■腹地內自由參觀／☎0467-25-4300

◀帝釋堂前的日蓮辻說法像是高村光雲的傑作

7 補陀洛寺

寺院　參拜10分

ふだらくじ

由建議源賴朝舉兵出征的文覺上人在1181（養和元）年所創建。祈願打倒平家的不動明王像與及運慶的日光、月光菩薩像，都可參拜得到。■9:00～17:00左右／不定休／自由捐獻／☎0467-22-8559

◀1924（大正3）年和庫裏一同重建的本堂

▲據傳由源義光從祇園社請來神明分靈的八雲神社。從瞭望台可將富士山及丹澤盡收眼底

常榮寺

じょうえいじ

1606（慶長11）年創建，日蓮聖人被拉往龍之口刑場時，棧敷之尼（日蓮宗的尼姑）獻上芝麻牡丹餅給他，寺院就建在事跡處因而有「牡丹餅寺」之稱。

8 光明寺

寺院　參拜20分

こうみょうじ

德川家康設立的淨土宗關東十八檀林之一的名剎，同時也是勅願寺。腹內地有雄偉的三門、壯麗的大殿（重要文化財）、開山堂、書院等，充滿淨土宗大本山的風範。可參觀格狀天花板畫著龍的大殿、三尊五祖的枯山水庭園，以及小堀遠州做的記主庭園等。■6:00～17:00（11～3月為7:00～16:00）／免費／☎0467-22-0603

▶重要文化財的大殿（上）及南邊的三尊五祖之庭（下）。

特別推薦 Point!

品寺

ほんじ

新田義貞為悼念我軍的戰歿，而在攻打鎌倉時設置本陣地點上所興建的寺院。山門、本堂匾額的文字據說是義貞筆寫下。

廣域圖 p.6-G·K

散步時間約 4小時30分

大町・村木座

おおまち・ざいもくざ

前往與日蓮聖人有因緣之寺院〔景點〕

在店前享用絕品烤雞

農協直售所內的「やきとり秀吉」使用國產當地雞，烤雞的種類豐富，名品秀吉蛋150日圓。■11:00～22:00（店內用餐為16:00～21:00）／週二休／☎0467-24-1616

路線導覽

JR鎌倉站東口

步行13分

妙本寺

步行12分

安養院

步行7分

妙法寺

步行3分

安國論寺

步行5分

長勝寺

步行20分

光明寺

步行即到

光明寺巴士站

少法寺　　安養院　　八雲神社　　妙本寺　　本覺寺　大巧寺　JR鎌倉站東口　　　常榮寺

路面高低差
50m
25

1

參拜 10分

寺院

本覺寺
(ほんがくじ)

蓋在日蓮聖人從流放地佐渡歸來後棲身的夷堂舊址上。1981（昭和56）年重建的夷堂由於安置著日蓮聖人的部分遺骨，故又稱「東身延」。■腹地內自由參觀／☎0467-22-0490

◀腹地內有八重櫻、海棠及桃花等群花盛開，其中紫薇開花的季節特別美麗

2

參拜 20分

寺院

妙本寺
(みょうほんじ)

由比企能本創建，他是遭北條時賴滅門的比企一族的倖存者。寺內有比企能員之墓及祭祀二代將軍源賴家側室若狹局的蛇苦止明神等。■腹地內自由參觀／☎0467-22-0777

◀二天門以及祖師堂（本堂），右側是比企一族之墓

3

參拜 10分

寺院

安養院
(あんよういん)

前身為北條政子在笹目谷創建的長樂寺。本堂後方2座寶篋印塔是鎌倉現存最古老的塔。■8:00～16:30／100日圓／☎0467-22-0806

◀怒放的大紫杜鵑彷彿要藏起整座寺院（5月上旬）

4

參拜 20分

寺院

妙法寺
(みょうほうじ)

大塔宮護良親王與南之方生下的日叡上人，在松葉谷日蓮聖人遭迫害之地興建的寺院。有雙親與上人之墓。■9:30～16:30／需確認開放日／300日圓／☎0467-22-5813

◀水仙、日本辛夷、蝴蝶花等接連盛開的花之寺

從這裡出發

往鎌倉站…從東京站搭JR橫須賀線約1小時、918日圓（從橫濱站出發約25分、340日圓）。從藤澤站搭江之島電鐵約34分、300日圓。

來迎寺
(らいごうじ)

源賴朝所創建為祭祀隨源賴朝出征戰死的三浦義明。

若從這裡出發

往♀光明寺…從鎌倉站搭京急巴士鎌40、41路需9分、195日圓

4 日進堂
麵包

一大早就有常客來買麵包的老店。樸實的
道是受歡迎的秘訣。甜味柔和的奶油麵包
40日圓、佛卡夏210日圓。■7:00～
:00／無休／☎0467-22-0479

◀酥脆的極辣
咖哩麵包150
日圓

◀咖啡廳&酒吧Tsuu
的店內還會舉辦音樂
會和香頌課程

5 穀菜カフェ ソラフネ
咖啡廳

採用延壽飲食法的咖啡廳，房屋轉用自中
藥房的主建築。品嘗以糙米為中心的豐富飲
食，讓人從內美麗到外。■11:00～16:00
／週三休（有臨時公休）／☎0467-38-
4085

◀每天更換菜
色的午餐1300
日圓，附糙米
飯及味噌湯

6 LURE'S
餐廳酒吧

在這裡可享用相模灣的鮮魚、肉類、義大利
麵、披薩等菜色及酒類。午餐推薦點特製炸漢
堡排1000日圓，有滿滿的肉汁。■12:00～
14:30、18:00～23:30LO／週四休（逢假日
則營業）／
☎0467-23-
7364

◀木製櫃台和
圓桌營造出舒
適感

7 燻太
燻製

店鋪在九品寺附近，可品嘗到自製燻製品。
在專用窯中以備長炭和木片慢慢燻製出來的成
品風味獨特。燻白肉
魚650日圓。
■12:00～20:30LO
／週一、二休（逢假
日則營業）／
☎0467-53-8271

◀熱門的厚切培根排
550日圓及日本酒650日
圓

▲轉用自私宅一部分的店內氣氛沉穩

9 HOA CAFE
甜甜圈

自製甜甜圈含有大豆的營養，軟Q口感非常
美味。1個甜甜圈搭配咖啡或紅茶的早餐在週
六、日（10點前）也可點。■7:00～17:00
（週五、六到20:00）／無休／☎0467-84-
7079

◀原味甜甜圈
190日圓、黃
豆粉牛奶甜甜
圈210圓、咖
啡400日圓

8 もんざ丸前田水産
魩仔魚

捕撈魩仔魚技術老闆自豪在鎌倉第一。販
售剛撈上岸的生魩仔魚及在店內料理的水煮
魩仔魚，各570日圓■9:30～17:00／不定
休／☎0467-22-2960

◀除了水煮魩
仔魚，還有沖
漬（醬油醃）
魩仔魚570日圓
也很受歡迎

廣域圖 p.6-G‧K

▼▲▼▲▼▲▼▲▼

大町‧材木座
おおまち‧ざいもくざ

尋找日常生活使用的名品
【美食、購物】

▼▲▼▲▼▲▼▲▼

散步時間約
4小時30分

JR鎌倉站
東口

步行13分

妙本寺

步行12分

安養院

步行7分

妙法寺

步行3分

安國論寺

步行5分

長勝寺

步行20分

光明寺

步行即到

光明寺
巴士站

材木座海岸

以夏天的海水浴場聞名，也
滑浪風帆的熱門地點，會有
顏六色的風帆滑過水面。

從這裡出發

往鎌倉站…從東京站搭JR橫須賀線約1小時、918日圓（從橫濱站出發約25分、340日圓）。從藤澤站搭江之島電鐵約34分、300日圓

1

咖啡廳 喫茶＆バー tsuu

改建自米倉。午餐提供以鎌倉蔬菜為主的咖哩和肋排。■11:30～17:00（17:00～22:00需預約）／週一休（逢假日則營業）／☎0467-22-2592

◀ 起司蛋糕650日圓與咖啡600日圓

2

烏龍寬麵 かまくら百苑

冷熱不同的餐點會使用不同厚度的麵，非常受歡迎。充滿海味的「蛤蜊烏龍寬麵」1700日圓。■11:00～19:00LO（售完打烊）／週五休／☎0467-22-1922

◀ 坐在榻榻米上慢慢品味

3

和菓子 和菓子 大くに

從傳統和菓子到像如波乘饅頭190日圓這樣的創意甜點一應俱全。青竹葉包的麩饅頭1個200日圓，口感柔軟。■9:00～18:00／週一休／☎0467-22-1899

◀ 小槌最中160日圓、手毬栗子220日圓、小菊落雁24個裝750日圓

若從這裡出發

往♀光明寺…從鎌倉站搭京急巴士鎌40、41路需9分、195日圓

由比若宮

源頼義自石清八幡宮請來分靈賴朝將之遷移至岡後稱為元八幡

❶
咖啡廳
RONDINO

當地火紅的咖啡廳，自製甜點大受好評，虹吸式咖啡壺沖泡的咖啡搭配蛋糕的套餐650日圓。■7:00～22:00（週日、假日到20:00）／無休／☎0467-25-5177

◀手工布丁與咖啡的套餐650日圓

❽
直售所
鎌倉市農協連即售所

可用平價買到鎌倉蔬菜和漬物，在觀光客間也十分熱門，最好早上早點去。■7:00～售完打烊／無休／☎0467-44-3851（「JA相模」玉繩分店內）

◀一整排水嫩嫩的鎌倉蔬菜

❼
史跡
和田塚

參觀 5分

傳說埋葬著和田義盛與其族人，和田義盛是源賴朝的侍所別當（軍警總長），深受信賴。義盛中了北條義時的計策，雖起兵應戰但僅僅兩日便敗退，全族150餘人自盡身亡。

◀紅楠木下立著紀念碑、墓碑及五輪塔

特別推薦 Point!

❻
甜點
無心庵
（むしんあん）

這家甜點店開在有100年歷史的民房，大門正對著江之島電鐵的鐵路。花費兩天備料的蜜豆寒天600日圓，非常受歡迎。■10:00～17:00／週四休（逢假日則營業）／☎0467-23-0850

◀味道樸實的冰淇淋豆沙蜜豆寒天750日圓

由比濱

延伸至近海的一大片淺砂灘，夏天擠滿來做海水浴的遊客。7、8月時小店一間接一間地開張，連異國美食這樣特別的店都有。

廣域圖 p.6・7-F・G・J・K

道地鎌倉人的愛店林立

わだづか・ゆいがはま

和田塚・由比濱

各式各樣的建築樣式 👍

「寸松堂」販售鎌倉雕刻的工藝品，房屋綜合了寺院建築、城郭建築及商家，並融入西式庭園，非常罕見。■10:00～17:00／不定休／☎0467-22-4507

散步時間約 2小時00分

JR鎌倉站西口
▾ 步行5分
江之電景觀小公園
▾ 步行3分
六地藏
▾ 步行4分
和田塚
▾ 步行7分
鎌倉海濱公園
▾ 步行4分
滑川交叉路口
▾ 步行8分
一之鳥居
▾ 步行12分
JR鎌倉站東口

54

3

服飾 **JAMES & CO**

販售設計師鹽谷雅芳的原創品牌服飾。國產、設計不受流行影響，且具有機能性。有穿起來極為舒適的束口褲14800日圓等。■12:00～18:00／週三休／☎0467-81-4947

◀面向由比濱大通的木造建築就是目標

2

異國美食 **パクチー屋**

開放式的咖啡廳。最受歡迎的是有大塊雞肉的泰式綠咖哩1100日圓。■11:00～15:30、16:30～20:00（週六、日為11:00～19:00）／週三休／☎0467-95-7469

◀泰式酸辣河粉1000日圓也很推薦

從這裡出發

往鎌倉站…從東京站搭JR橫須賀線約1小時、918日圓（從橫濱站出發約25分、340日圓）。從藤澤站搭江之島電鐵約34分、300日圓。

4

拉麵 **らーめん一閑人** いちかんじん

個性派餐點非常吸引人，有從廚師創意中誕生的豆奶鹽council麵780日圓和豬頭肉沾麵1170日圓等。■11:30～15:30、18:00～20:30／週三休／☎0467-33-4559

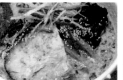

◀女性一人也能自在用餐的氣氛

若從這裡出發

往由比濱站…從鎌倉站搭江之島電鐵出發需3分、190日圓（從藤澤站出發需30分、300日圓）

吉屋信子紀念館

將小說家吉屋信子以前的住家轉為紀念館保存。主屋、門及圍牆為國家有形文化財。

5

多用途空間 **HOUSE YUIGAHAMA**

咖啡廳有以「家」為主題的藝廊及圖書館。藏書400本以上，以建築和室內裝潢為中心。室內裝潢也十分時髦。■10:00～日落／週三休／☎0467-53-8589

◀義式熱狗550日圓及熱咖啡200日圓

（地圖部分）

1:7,980　200m

市立中央圖書館
鎌倉市福祉中心

HOUSE YUIGAHAMA

PATISSERIE MIWA
Original Joe's
BITTER SWEET
La foret et la table
コーヒースタンド草
菊
5

らーめん一閑人
4

六地藏
花JUJU
鎌倉ふじい
3
JAMES & CO
岡本榮泉
❂3分

吉屋信子紀念館
（吉屋信子舊居）

WORK-Shopギルド
古民家スタジオ
イシワタリ
FIESTA

由比浜大通

YUIGAHAMA Shell's

SONG BOOK café
（江ノ電・京急巴士）長谷東町

寸松堂
自然食品KANAYA
こ寿々わらび餅本舗
花見煎餅吾妻屋
塩屋

由比ヶ浜美術館
ほいほいつるや

無心庵
6
和田塚站
❂4分

由比濱站

江之島電鐵

中山刀劍美術館

由比郵局

鎌倉雕·わや

鎌倉雕刻工藝館

和田塚
7

・鎌倉站900km
・鎌倉文學館700m
・高德院（大佛）1.1km
・長谷900km

・和田塚80m
・六地藏250m
・由比濱海邊550m

石造寶篋畠山重保墓
六郎邸
鎌倉保健

umi café
BANANA BOAT

由比長谷比丘尼濱海岸60m
（大佛）400m
900m
手廣・With
旅籠かいひん荘かまくら
（舊村田邸）

SUNMARIO HOTTA

LINOS KAMAKURA
YUIGAHAMA
RESIDENCE

和田塚入口

鎌倉 御代川

❂7分

お菓子工房MOANA（P.12）

KKR鎌倉
わかみや

特養鎌倉静養館

2F·漢堡／三明治
KUA AINA

2F·Cafe ANANA

COLO COLO
BURGER

海岸橋
法鎌倉庭苑

海岸橋

鎌倉消防署

江之電100型107號車（保存車輛）
多目途廣場
WC

鎌倉海濱公園管理事務所
海浜公園前
鎌倉海濱公園（由比濱地區）（地下）

鎌倉之海
（地下P）

特養鎌倉静養館

WC

滑川

WC

AMANDAN BLUE

134

鎌倉導遊協會觀光服務所

鎌倉之海樱貝歌碑

滑川橋

由比濱

◀長谷在P.56-59

相模灣

茅崎·江之島
橫須賀·鎌倉站

橫須賀19km·逗子

◀鎌倉海濱公園中，展示過去曾在江之島電鐵奔馳了50年左右的「タンコロ號」（100型107號），還可進入車廂內參觀

材木座海岸

JR鎌倉站東口　下馬交叉路口　一之鳥居　滑川交叉路口

2 鎌倉大佛（高德院）

寺院　參拜20分

自1252（建長4）年開始花費十年建造的阿彌陀如來坐像（國寶）。1495（明應4）年以來一直是露天安置。■8:00～17:30（10～3月到17:00）／200日圓（進入胎內另付20日圓）／ ☎0467-22-0703

▶包括台座在內的高度達13.35m

特別推薦Point！

1 鎌倉文學館

博物館　參觀30分

展示與鎌倉相關的文學家原稿及愛用品。■9:00～17:00（10～2月到16:30）／週一休（逢假日則開館，5、6、10、11月為月休一日／費用依展覽而異／ ☎0467-23-3911

◀過去為前田侯爵家別墅的洋房也很值得一看

從這裡出發

往由比濱站…從鎌倉站搭江之島電鐵需3分、190日圓

長谷 はせ

大佛＆花寺與文學館〔景點〕

由比濱站
步行8分
鎌倉文學館
步行13分
鎌倉大佛
步行8分
光則寺
步行6分
長谷寺
步行13分
成就院
步行4分
極樂寺
步行1分
極樂寺站

在巷弄散步時遇見的風景

鎌倉的魅力之一即是在巷弄裡散步。御靈神社周遭及成就院到極樂寺的沿路上，都既安靜又氣氛十足。還有可遠眺大海的巷弄，來容容找看看只有自己知道的秘密景點吧。

地圖文字（1 鎌倉文學館）

吉屋信子紀念館（吉屋信子舊居）
鎌倉市長谷兒童會館（舊諸戶邸）
長谷つくし公園
加賀谷邸
草坪
玫瑰園
招鶴洞
櫓台
長樂寺跡
NORTHERN LIGHT STOVES
林糰、麵包類頗受好評
鯛魚燒なみへい
（江之電巴士）海岸通り・鎌倉文學館前（京急巴士）
茜屋
小花壽司
OKASHI0467
おいしい魚の店 皿のうえ
八百富商店
海岸通り（江之電巴士）鎌倉文學館前（京急巴士）
文學館入口
柴崎牟利本店
地魚料理・はま善
味楽
麩帆
主馬盛久之頸坐（盛久之首塚）
（江之電、京急巴士）長谷東町
銀屋
PaPa Noel
往鎌倉站→
由比濱大通
START
往鎌倉→
P.54·55 和田塚由比濱在
茶懷石鎌倉前魚源
旅館「かじかん莊かまくら」（舊村田邸）
手工包子With
mibos kanakura SHOP
JEAN NASSAUS SHOP
トラットリア・ライラック ダリアリゾートホテル
鎌倉別邸リゾシティ
鎌倉松原庵
IL Birraio 德國家常菜
SEA CASTLE
Losango
COCOMO
和OV
稻瀬川
神社
WC
美奈生浦橋
Cafe&Bar 麻心
稻村崎・海濱道路 →往鎌倉站1.9km →往稻村崎1.7km
由比ガ浜4丁目
海の家R's HOUSE
134
WC
多用途廣場
往材木座
鎌倉之海
由比濱
相模灣
N　1:6,340　0　200m
江之島電鐵

◀8分　◀4分　◀4分

御靈神社 ごりょう

這間神社與在後三年之役（1083～87）中大展身手的鎌倉權五郎景政有關聯。9月18日舉辦的面具遊行非常有名。■腹地內自由參觀

甘繩神明宮 あまなわしんめいぐう

據說源賴義在這間古社祈禱後，八幡太郎義家隨即誕生。也有北條時宗誕生時用來洗澡的水井。■腹地內自由參觀

4 成就院

寺院　參拜20分

1219（承久元）年在弘法大師嚴修護摩供的舊跡上創建的堂宇。腹地內盛開的花卉非常漂亮，從參道上還可望見由比濱。■8:00～17:00左右／無休／免費／☎0467-22-3401

◀本堂供奉著主佛不動明王

3 長谷寺

寺院　參拜30分

安座兼備觀音與地藏之德的長谷寺式十一面觀音菩薩立像的古寺。從腹地內可將由比濱盡收眼底，設在高處的眺望散步道是賞繡球花的勝地。■8:00～17:00（10～2月到16:30／無休／300日圓／☎0467-22-6300

◀觀音堂

5 極樂寺

寺院　參拜20分

曾建造施藥院、療養院的忍性在1259（正元元）年開創的寺院。全盛期曾有49座塔頭，但如今唯一留存的只有本堂吉祥院。■9:00～16:30／免費／☎0467-22-3402

◀茅草頂的山門通往櫻花、睡蓮盛開的腹地內

◀光則寺，受日蓮聖人託付《立正安國論》的宿屋光則將自宅改建成的寺院

若從這裡出發

往極樂寺站…從鎌倉站搭江之島電鐵需7分、220日圓

若從這裡出發

往長谷站…從鎌倉站搭江之島電鐵需5分、190日圓

若從這裡出發

往♀大仏前…從鎌倉站搭江之電巴士、京急巴士鎌1～6路、りんどう號需7分、195日圓

與謝野晶子歌碑　WC　胎內入口　高德院　鎌倉大仏（高德院）2

（江之電、京急巴士）大仏前　櫃台　WC　鎌倉觀光會館　P　味亭　鴿子餅乾・豊島屋　梅の木　鎌倉伴手禮・山海堂　お食事・鈴木屋　鎌倉醫院　（江之電・京急巴士）大仏前　紅谷　5分　2F 樹　cottycotty　oobara cafe　鎌倉てづくり屋　8分　Marion Crepes　バームクーヘン輪心　大和屋　和紙みひら　鎌倉四葩　BUOY　カフェ四葩　NATUDEC CASA kamaku Espress

鎌倉能舞台　土手長　桑谷療養所跡　仙貝・雷神堂

（江之電、京急巴士）長谷觀音　1F 鎌倉ジェラート　2F 鎌倉土鍋ごはん Kaedena　長谷幼稚園　長谷郵局　鎌倉甚平　定食屋　しゃもじ　長谷觀音前　長谷觀音（江之電京急巴士）

日朗上人土牢　宿谷光則宅邸跡　大橋太郎通貞土籠　立正安國論御勸由来　光則寺　宮澤賢治詩碑　弁天窟　地藏堂　鎌倉伴手禮・海光堂　觀音堂　3 長谷寺　WC　櫃台　WC　觀音博物館　見晴台　輪藏　旅館對腹閣　6分　以志橋　惠比壽屋　般若院　麵包店咖啡廳・Bergfeld　長谷觀音（江之電巴士）　鎌倉雕・白日堂

お休み処・海光庵　御靈小路　鎌倉權五郎神社　收玄寺　四條金吾邸址　鎌倉まめや長谷本　1F Grand-n　2F 豆貓屋　牛餐＆咖啡廳・ガンパネーゼ　銅鑼燒・するが　横濱　7分

御靈神社（權五郎神社）　寶藏庫　紅楠木　景正弓立之松　熊野新宮　波蘿麵包・グウグウ亭一心亭

青果・八百文商店　五木田商店　盛華園　導地藏堂　櫻橋　寶物館　WC　客殿　野狐禅　GOKURAKU亭　墓地　2分　布偶・咖啡廳・一花屋　星月之井（星之井）　力餅家　虛空藏堂　日限地藏尊　極樂寺坂　2分　Caffé Kapua　星の井通り　由比ヶ浜（江之電巴士）

5 極樂寺　HALE NOVA　藝廊・GOKURAKU亭　極樂寺站 GOAL　往江之島　上杉憲方墓　據傳為上杉憲方墓　桜井商店　2F 1F 趣味の部屋　極樂トンボ　極樂寺150m　御靈神社400m　長谷站600m　1分　4分　極樂寺坂切通　極樂寺坂　4分　成就院 4　Bread Code by recette café recette　鎌倉　Cafe坂の下　1F 餐廳CARO kuriyum　2F 泰國菜　風浪板專賣店　THE SALTY DOGS　SAIRAM　坂ノ下　坂の下（江之電巴士）　長谷食堂　P　SYMPOSI　鎌倉ぷりん　かわいい娘　鎌倉いす屋　fruits de B.B.HOU　由比ヶ浜（江之電

稻村崎～七里濱在P.60-61　往稻村崎

4
豆菓子店 鎌倉まめや 長谷本店

豆菓子專賣店的本店。商品種類豐富，從簡單的鹽味水豆到汽水豆等的特殊口味都有。令人開心的是可以試吃。■10:00～18:00／無休／☎0120-39-5402

◀不只可買來當伴手禮，還能逛街時邊走邊吃

3
美妝雜貨 鎌倉四苺

美妝雜貨品項豐富，有含絹和紙加工成的吸油面紙330日圓～，以及洗後讓臉部光滑水潤的蒟蒻海綿700日圓～。■10:15～17:15／週三休／☎0467-25-6133

◀原創美妝雜貨，鎌倉風格的包裝也頗受好評

長谷 (はせ)

住宅區內的講究商店〔美食、購物〕

散步時間約 4小時00分

- 由比濱站
- 步行8分
- 鎌倉文學館
- 步行13分
- 鎌倉大佛
- 步行8分
- 光則寺
- 步行6分
- 長谷寺
- 步行13分
- 成就院
- 步行4分
- 極樂寺
- 步行1分
- 極樂寺站

從這裡出發

往由比濱站…從鎌倉站搭江之島電鐵需3分、190日圓

地圖

鎌倉文學館／草坪／玫瑰園／檣台／招鶴洞／長樂寺跡／鎌倉市長谷兒童會館（舊諸戶邸）／古屋信子紀念館（吉屋信子舊居）／鎌倉つくし童會館／長谷つくし／加賀谷邸／NORTHERN LIGHT STOVES／鯛魚燒なみへい／おいしい魚の店・皿のうえ／OKASHI0467／茜屋／小花寿司／味楽／主馬盛久之頸坐（盛久之首塚）／PaPa Noel／銀屋／江之電、京急巴士 鎌倉文學館前（京急巴士）／海岸通り 鎌倉文學館前（京急巴士）／八百富商店／海岸通り（江之電巴士）鎌倉文學館前（京急巴士）／柴崎牛乳本店／文學館入口／地魚料理 はま善／鎌倉別邸 SOCIETY／ダイヤモンドリゾートホテル／トラットリア・ライラック／手工包子With／JEAN NASSAUS SHOP／濱站由比／往鎌倉站→／往鎌倉之海／和田塚・由比濱站在 P.54-55／smibos kamakura／茶德石·鎌倉前魚源／旅館かいひん莊かまくら（雪村田邸）／IL Birraio 德國家常菜／鎌倉松原庵／SEA CASTLE／Losango/COCOMO／和らく／稻瀬川／2F·Café&Bar 麻心／美菜能瀨橋／和菓能瀬橋神社／由比ガ浜4丁目／稻村崎·海濱道路→往鎌倉站1.9km →往稻村崎1.7km／海の家R's HOUSE／134／WC／多用途廣場／由比濱／往材木座／START／往鎌倉→／由比濱大通／主馬盛久之頸坐

8分／4分／4分／4分

相模灣　N　0　200m　1:6,340

2
咖啡廳 CASA. Kamakura Espresso.

DOUBLEDOORS一級建築師事務所經營的咖啡廳。在悠閒舒適的空間裡，品嘗一杯高品質咖啡。■10:00～18:00／週一休（逢假日則翌日休）／☎0467-55-5710

◀卡布奇諾430日圓，拿鐵480日圓

1
和菓子 麩帆 (ふはん)

用艾草生麩包裹高級豆沙餡的「生麩與麩饅頭」專賣店。滑順鬆軟的口感非常美味。■10:00～17:00／週一休／☎0467-24-2922

◀用竹葉包裹的「麩饅頭」1個180日圓

6

café recette
鎌倉

麵包花費約20小時發酵，裝盤也十分巧妙，從大正時代建築物改裝而來的店內更是魅力十足。■9:30～17:00（週六、週日8:30～）／無休／☎0467-38-5700

◀使用放養雞蛋製作的法式吐司1512日圓

7
咖啡廳

GOKURAKU亭

在老時鐘及古老器皿的環繞下消磨時間。咖啡或紅茶等飲料搭甜點600日圓。還有販售骨董。■10:00～18:00／週四休（逢假日則營業）／☎0467-22-0322

◀店頭前還販售一些小道具

虛空藏堂

領悟到從星月井中打撈出的發光石頭，其實是虛空藏菩藏化身的行基所開創的堂。

若從這裡出發

往極樂寺站…從鎌倉站搭江之島電鐵需7分、220日圓

5
和菓子

力餅家

標誌是大大寫著「力餅家」的門簾。著名甜點力餅有「餅力餅」10個670日圓和「求肥力餅」9個930日圓兩種。■9:00～18:00／週三、第3週二休（逢假日則翌日休）／☎0467-22-0513

◀甜度較低，無論幾個都吃得下

若從這裡出發

往長谷站…從鎌倉站搭江之島電鐵需5分、190日圓

若從這裡出發

往♀大仏前…從鎌倉站搭江之電巴士、京急巴士鎌1～6路、りんどう號需7分、195日圓

散步時間約 2小時00分

稲村崎站
↓ 步行2分
稲村崎站入口交叉路口
↓ 步行3分
稲村崎
↓ 步行3分
稲村崎站入口交叉路口
↓ 步行7分
西田幾多郎博士紀念歌碑
↓ 步行10分
七里濱站

稲村崎～七里濱

いなむらがさき～しちりがはま

留有史跡的濱海散步道

從這裡出發

往稲村崎站…從鎌倉站搭江之島電鐵需11分、220日圓（從藤澤站出發需24分、260日圓）

極らく茶屋往長谷、鎌倉
導地藏
極樂寺隧道

↗長谷在 P.56-59

極樂寺站

⊥據傳為上杉憲方墓

成就院

1F·極楽とんぼ

桜井商店

Ⓢ麵包·Boulangerie bébé

ことり文庫

ちえのケーキ

食味処まつ本

針磨橋

往由比濱

極樂寺棧車區（車庫）

日蓮袈裟掛松跡

Ⓢ岩沢商店

由比

市營プール前

4～12月的第1週日舉辦；10:00～賣完結束

鎌倉漁協的早市 Ⓗ
鎌倉漁協的朝市 Ⓢ
Vehbs cafe

鎌倉海濱公園游泳池

齊藤養之助氏顯德碑

つきやま

咖啡館·ヨルドコロ

稲村亭 1

Ⓢアンティーク桜花堂

一人塚

十一人塚暮為悼新田義貞攻打而陣亡的大館氏及其家臣的十人

稲村崎郵局 稲村崎溫泉 3

稲村ガ崎公園前

3分

新田義貞徒涉傳說地

RESTAURANT MAIN

船難碑

柯雷博士紀念碑

稲村崎 4

稲村崎海岸

日蓮袈裟掛松跡

にちれんげさかけまつあと

當日蓮聖人被拉往龍之口刑場時，將自己的袈裟掛在松樹枝上的舊地。松樹已不復在，只立著一座碑。

N
0 1:10,220 200m

RESTAURANT MAIN

湘南具代表性的濱海餐廳。可遠眺稲村崎、江之島，晴朗的日子甚至能看見富士山。MAIN漢堡排1580日圓。

晴朗的日子還可看見富士山！

因電影《稲村珍》及PV而為人所熟知的稲村崎海岸，也是入選於神奈川勝景50選及富士見100選的濱海絕景地點。從這裡可遠眺江之島及富士山，沉入海中的夕陽更是分外美麗。

---

2 カツレツ亭稲村

便當

便當種類豐富，以嚴選食材炸成酥脆的油炸物為主。最受歡迎的是里肌肉、炸蝦等菜塞得滿滿的稲村便當。■11:00～14:00、17:00～19:00／週日、假日休／☎0467-24-6730

◀滿滿配菜的稲村便當1026日圓。炸里肌咖哩734日圓也十分搶手

---

1 稲村亭

烤豬

名品是使用創業60年來不停添加使用的獨門醬料醃漬的烤豬肉。在特製的鍋子中花費一個晚上炭烤，特色是氣味芳香。■9:30～18:30／週二、第3週三休／☎0467-24-8101

◀烤豬肉1塊180g和味噌醃豬肉2包340g，共3000日圓

站入口交叉路口　稲村崎　稲村崎站入口交叉路口　稲村崎站　← 路面高低差

▲1945（昭和20）年在此地過世的哲學家西田幾多郎的紀念歌碑。「七里濱 波面 夕陽蕩漾 伊豆群山連綿」

▲稻村崎站到鎌倉王子大飯店間的散步道。江之島電鐵從旁呼嘯而過，充滿鎌倉風情。路上車輛不多，可悠悠哉哉地散步

7

咖啡廳 **Pacific DRIVE-IN**

眼前是一片湘南的大海，彷彿置身夏威夷。餐點豐富，從早餐到夏威夷菜、三明治等一應俱全。夏威夷漢堡排飯950日圓。■8:00～19:30LO／不定休／☎0467-32-9777

◀望著七里濱及江之島，沉浸在度假的心情中

6

日本料理 **海菜寺**

穿越江之島電鐵的鐵路，再鑽過門簾進入店內，外觀極富情趣。主張地產地消，可品嘗到新鮮鎌倉蔬菜和葉山牛的涮涮鍋及大阪燒。■12:00～21:00／週三休／☎0467 22-1416

◀可一面遠眺稻村崎一面用餐的露台座位

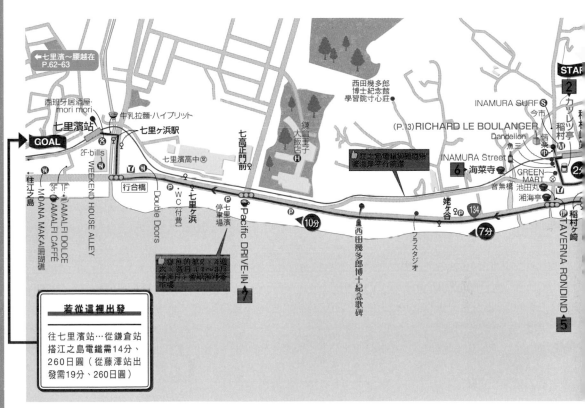

←七里濱～腰越在P.62-63

西班牙居酒屋·mori mori
牛乳拉麵·ハイブリット
七里濱站　七里ヶ浜駅
七高正門前
鎌倉王子大飯店
西田幾多郎博士紀念館學習院寸心莊
START
2
INAMURA SURF
今市
カンレツ亭
稻村亭
(P.13)RICHARD LE BOULANGER
Dandellon　信樂
魚三
INAMURA Street
GOAL
2F-bills
WEEKEND HOUSE ALLEY
3F：L AMALFI DOLCE　AMALFI CAFFE
MOANA MAKAI珊瑚礁
往江之島
7　14
行合橋
Double Doors
七里濱高中
七里ヶ浜停車場
P·WC（付費）
Pacific DRIVE-IN 7
西田幾多郎博士紀念歌碑
10分
フラスタジオ
姥ヶ谷
134
音無橋
池田丸
GREEN MART
湘海亭
7分
稻村ヶ崎
TAVERNA RONDINO
5
6 海菜寺

若從這裡出發

往七里濱站…從鎌倉站搭江之島電鐵需14分、260日圓（從藤澤站出發需19分、260日圓）

5

義大利菜 **TAVERNA RONDINO**

主廚曾在義大利學藝，能讓顧客享用到道地的風味。1樓提供單點，2樓供應全餐。墨魚汁義大利麵1100日圓。■11:30～22:30／無休／☎0467-25-4355

◀午間全餐3240日圓（餐點依季節而異）

4

史跡 **稻村崎**

參觀 10分

突出大海的岬角隔開了由比濱與七里濱，據說是新田義貞攻打鎌倉時的突破口。有草坪廣場和瞭望台的岬角上立著新田義貞徒涉傳說地碑以及船難碑。

◀晴朗的日子裡，富士山就出現在江之島的右手邊

特別推薦 Point！

3

溫泉 **稻村崎溫泉**

可享受黑褐色溫泉水的不住宿溫泉。在私家溫泉、露天澡堂或三溫暖裡放鬆一下。未滿18歲謝絕入館。■9:00～21:00（最後入館為1小時前）／不定休／1400日圓（有季節性費率）／☎0467 22-7199

◀有舒緩神經痛、肌肉痠痛、五十肩等的效果

1

Ristorante Amalfi

義大利菜

利用三崎漁港海鮮和當地產蔬菜製作的義大利菜風評絕佳。可看海小憩片刻的露台座位相當搶手。█11：30～15：30、17：30～22：00（週六、日、假日為11：00～22：00）／無休
☎0467-39-1151

◀視野遼闊，從逗子、葉山到江之島、富士山都能一覽無遺

▲緊靠江之島電鐵平交道前方有條石階延伸至滿福寺腹地內（左）。在滿福寺後方，有間義經殿能享用鮲仔魚蓋飯及鮲仔魚炒飯，各1100日圓（右）

從這裡出發

往七里濱站…從鎌倉站搭江之島電鐵需14分、260日圓（從藤澤站出發需19分、260日圓）

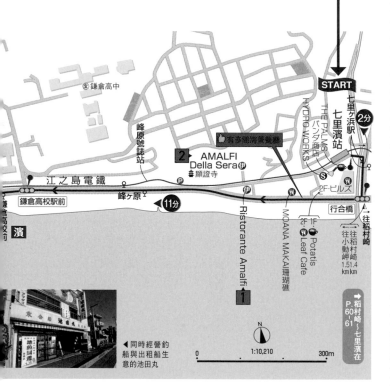

▲同時經營釣船與出租船生意的池田丸

N　1:10,210　0　300m

5

池田丸

本地魚鮮

菜色以自家漁船釣到的魚為主，可品嘗到相模灣當地產的魚。生魚、水煮、油炸三合一的鮲仔魚定食1300日圓。█11：30～14：30、17：00～20：00LO／不定休／☎0467-32-2121

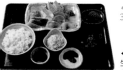

◀附四種魚的生魚片定食1620日圓

七里濱

從稻村崎（p.60）延伸至腰越小動岬的海岸。由於波濤洶湧，禁止游泳，卻是大受歡迎的知名衝浪海灘。

廣域圖 p.5-J

一望無際的湘南大海

七里濱～腰越
しちりがはま～こしごえ

散步時間約
2小時10分

七里濱站
↓步行2分
行合橋交叉路口
↓步行11分
鎌倉高校站前交叉路口
↓步行11分
滿福寺
↓步行5分
小動神社
↓步行4分
腰越站
↓步行10分
江之電江之島站

👍 拍江之島電鐵就到這裡！

這裡有許多讚江之島電鐵的粉絲們趨之若鶩的珍貴拍攝地點。在腰越商店街，江之島電鐵成為路面電車行駛街道正中央，由於能近距離拍攝，是個人氣地點。這有幾乎擦過屋簷的江之島電鐵崎景，尋找你喜歡的地點吧。

鎌倉高校站前交叉路口　　行合橋　七里濱站　路面高低差
30m 20 10 0

4 川邊（かわべ）

蕎麥麵

以向北海道契作農家進貨的蕎麥粉製麵。使用腰越魩仔魚的魩仔魚蘿蔔泥蕎麥麵，及炸魩仔魚雞蛋蓋飯各1050日圓。■11:30～19:30／週三休（逢假日則營業）／☎0467-31-0358

◀魩仔魚蘿蔔泥蕎麥麵為熱門餐點

3 滿福寺（まんぷくじ）

寺院　參拜15分

因得罪源賴朝而被禁止進入鎌倉的義經曾棲身此地。有據傳為當時寫的〈腰越狀〉底稿及弁慶的草稿。■9:00～17:00／200日圓／☎0467-31-3612

◀描繪義經一生的32幅紙門畫

特別推薦 Point!

2 AMALFI Della Sera

義大利菜

餐廳位於俯瞰大海的山丘中腹，從江之島至七里濱一覽無遺。自製麵皮做的瑪格麗特披薩1330日圓。■11:00～20:00LO（週六、日、假日為10:30～）／無休／☎0467-32-2001

◀海景露台座位十分熱門

P.64-65 江之島站・片瀨海岸在

若從這裡出發

往腰越站…從鎌倉站搭江之島電鐵出發需20分、260日圓（從藤澤站出發需13分、220日圓）

若從這裡出發

往江之島站…從鎌倉站搭江之島電鐵需24分、260日圓（從藤澤站出發需11分、220日圓）

◀小動岬頂上的小動神社，從瞭望台可一覽江之島、富士山及七里濱

ねむら

1949年創業的家庭式中菜館，位於腰越商店街。招牌菜為生碼麵780日圓。

◀行走在腰越－江之島間腰越商店街路面上的江之島電鐵

◀能將江之島、國道134號線及江之島電鐵收在一個畫面內的鎌倉高校前站一帶，是熱門的攝影地點

腰越漁港

這裡拖網捕撈的魩仔魚十分出名。出租船多，釣客絡繹不絕。

湘南單軌電車

連結大船－湘南江之島，車程14分（300日圓）。1小時有8班，便於搭乘。

6 勘濱水產魩仔魚直售所

魩仔魚

除了1月到3月10日的禁漁期間之外，每天早上4點30分出海捕魚，10點剛捕撈上岸的生魩仔魚就排列在店頭前。生魩仔魚1包500日圓～。■8:30～16:00／不定休／☎0467-33-1779

◀鹹味恰到好處的水煮魩仔魚1包600日圓

江之電江之島站　腰越站　小動神社　滿福寺

→P.62-63

散步時間約
4小時00分

江之電
江之島站

↓ 步行3分

常立寺

↓ 步行5分

龍口寺

↓ 步行9分

江之島入口
交叉路口

↓ 步行6分

新江之島
水族館

↓ 步行5分

片瀨
江之島站

江之島站·片瀨海岸

えのしまえき・かたせかいがん

三條鐵路集中的江之島大門

從這裡出發

往江之島站…從藤澤站搭江之島電鐵需11分、220日圓（從鎌倉站出發需24分、260日圓）

往湘南江之島站…從大船站搭湘南單軌電車需14分、310日圓

期待龍宮城的新樣貌登場！

1929（昭和4）年仿龍宮城建造的片瀨江之島站，依站前廣場再整備計畫重建，預計2020年5月完成。期待這個熱門攝影景點以新樣貌登場。

1

西點

La Plage MAIAMI

從昭和37（1962）年創業以來，製作源自當地的西點。種類豐富，有在烤番薯上加鮮奶油或白豆沙餡做的鎌倉山POTATO等等。並附設咖啡廳。■9:30～18:30／無休／☎0466-23-7733

◀江之電餅乾5片裝605日圓，可愛的盒子也很受歡迎

3

乾貨

高清本店

たかせい

創業超過200年，使用嚴選新鮮海鮮，熟練調整鹽份以手工製作的乾貨，食材的鮮味更為突出。整尾曬乾的沙丁魚5尾378日圓。■9:00～18:00／週一休（逢假日則翌日休）／☎0466-22-4332

◀目刺沙丁魚4尾一串108日圓，相當划算

2

寺院

龍口寺

りゅうこうじ

參拜
20分

蓋在日蓮聖人險些遭到處死的龍之口刑場舊址上。在建有大本堂、五重塔、七面堂及佛舍利塔的腹地內散步也十分愉快。■10:00～16:00／無休／免費／☎0466-25-7357

◀御靈窟，死刑前夕囚禁日蓮聖人的土牢

64

6 らーめん晴れる屋

拉麵

濃厚的豚骨高湯拉麵大受好評。最推薦「晴れる屋硬麵」，生大蒜刺激性十足。
■11:30～14:50、18:00～20:50（週六、日為11:30～20:50）／週四休（逢假日則翌日休）／☎0466-26-8335

◀晴れる屋味噌硬麵950日圓

5 玉屋本店

和菓子

1912（明治45）年與江之島電鐵同時開業。散發海潮香氣的海苔洋羹（大1000日圓）及包入整顆栗子的栗子羊羹（大1500日圓）非常受歡迎。■9:00～18:00／週四休／☎0466-22-4057

◀外觀讓人感受到老店的格調

4 扇屋

和菓子

店頭前保存著江之島電鐵的老車輛（車頭部分）。名品江之電最中有芝麻餡、柚子餡等5種口味。■9:00～17:00（售完打烊）／不定休／☎0466-22-3430

◀江之電最中10個1300圓

若從這裡出發

往片瀨江之島站…從藤澤站搭小田急江之島線需7分、154日圓

7 えのでんはうす

江之電商品

販售周邊商品的江之電直營商店，有模型軌道電車奔馳，也能玩遊戲。還能戴上車掌的帽子拍攝紀念照。■11:00～18:00／週三、四休（逢假日則翌日休）／☎0466-50-1500

◀店內同時展示實物大小的江之電車輛

8 新江之島水族館

水族館

參觀 2小時

有可從海底視角觀賞8000尾沙丁魚悠遊的相模灣大水槽，還有一般見不到的奇妙深海展、如夢似幻的水母夢幻廳等等，獨樹一格的展覽大受好評。還可以和海豚握手（需付費）。■9:00～17:00（12～2月為10:00～，最後入館為1小時前，可能依季節而延長）／無休（有臨時休館）／2100日圓／☎0466-29-9960

▲在風流亭可品嚐到新鮮的海鮮。七彩蓋飯1620日圓

特別推薦 Point!

▶舉辦海豚與海獅表演秀的「Kizuna」（上）及水母夢幻廳（下）

↓江之島在P.66-69

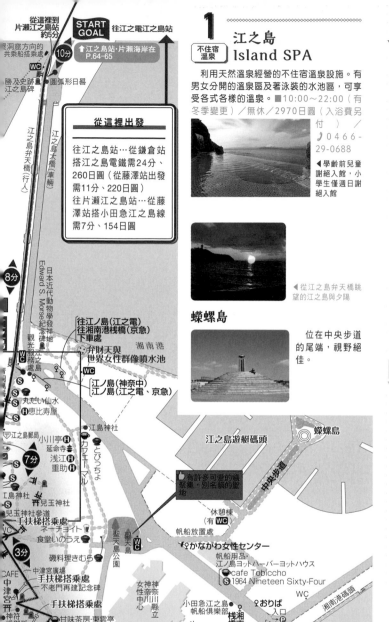

從這裡到
片瀨江之島站
約5分

往江之電江之島站

START
GOAL

↑江之島站・片瀨海岸在
P.64-65

10分

尾洞窟方向的
共乘船搭乘處

WC
勝與史蹟
江之島碑

圓弧形日晷

1

不住宿
溫泉

江之島
Island SPA

利用天然溫泉經營的不住宿溫泉設施。有
男女分開的溫泉區及著泳裝的水池區，可享
受各式各樣的溫泉。■10:00～22:00（有
冬季變更）／無休／2970日圓（入浴費另
付）／
☎0466-
29-0688

◀學齡前兒童
謝絕入館，小
學生僅週日謝
絕入館

從這裡出發

往江之島站…從鎌倉站
搭江之島電鐵需24分、
260日圓（從藤澤站出發
需11分、220日圓）
往片瀨江之島站…從藤
澤站搭小田急江之島線
需7分、154日圓

◀從江之島弁天橋眺
望的江之島與夕陽

蠑螺島

位在中央步道
的尾端，視野絕
佳。

8分

日本近代動物學發祥地
Edward S. Morse紀念碑

往江ノ島(江之電)
往湘南港棧橋(京急)
下車處

弁財天與
世界女性像噴水池 WC

湘南港

江ノ島(神奈中)
江ノ島(江之電、京急)

觀光服務處 WC

丸たい仙水 S
恵比寿屋 H

江之島郵局 ▽
小川亭
延命寺 卍
カフェマル
淺江
重助 H

7分

とびっちょ

S江ノ島
工島神社 H
兒玉神社
兒玉神社參道
手扶梯搭乘處
ネーチョイト
食堂いのうえ

磯料理きむら

3分

CAFE
中津宮廣場
中津宮 開
不老門再建記念碑
手扶梯搭乘處

神符
授與所

甘味茶房·東雲亭

4分

S江の島ゆうひ茶屋
Sあさひ本店頂上店

龜岡廣場(瞭望台)

江之島神社

江之島遊艇碼頭

有許多可愛的蠑
螺棲息，別名蠑螺的棲
地

蠑螺島

中央步道

休憩棟
(有 WC)

帆船放置處

聖天島 WC
聖天島公園

かながわ女性センター

帆船用品·
江ノ島ヨットハーバーヨットハウス
cafe Tobiccho
1964 Nineteen Sixty-Four

女神神奈川縣立
神女性中心

WC

小田急江之島
帆船俱樂部

湘南港棧橋

1:6,400
100m

おりば
入口

出口

湘南港碼頭

縣營
停車場 P

江戶的度假勝地＆信仰之地〔景點〕

江之島
えのしま

散步時間約
3小時45分

江之電
江之島站

步行10分

名勝及史蹟
江之島碑

步行8分

江島神社
青銅鳥居

步行7分

江島神社
邊津宮

步行7分

江之島
山繆克金
花園

步行7分

江島神社
奧津宮

步行10分

江之島岩屋

步行49分

江之電
江之島站

👍 江之島觀光
就從這裡
開始

弁財天仲見世通商店街是從江
之島入口鳥居到江島神社之間
的參拜道路。狹窄的道路旁是
豐排的飲食店和土產店，巷弄
中也有些小商店，在裡頭逛逛
看吧。

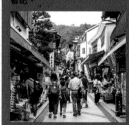

稚兒之淵

江之島西南端
的海蝕台地，有
許多遊客前來採
貝和釣魚。可望
見富士山。

手扶梯

從江島神社附
近登上江之島頂
端的手扶梯。
■9:00～19:00／
360日圓／☎04
66-23-2443

弁財天與
世界女性群像噴水池

於東京奧運那年
建造，1998年移
至現在的位置。以
弁財天及奧運標誌
為主題的雕像非常
漂亮。

因弁天信仰而繁榮的江戶時代

特別推薦
Point!

2 江島神社
神社

えのしま

參拜 30分

552（欽明天皇13）年，為祭祀守護大海的三女神而建在江之島的岩屋，後來蓋起了供奉不同神明的社殿，直至今日。據說在此參拜能招財納福、提升技藝，故有許多年輕參拜者。■腹地內自由參觀／☎0466-22-4020

邊津宮●1206（建永元）年三代將軍源實朝為供奉田寸津比賣命而創建。現在看到的權現造社殿是在1976（昭和51）年建造。祈禱在此進行。

奉安殿●仿照法隆寺夢殿建造的八角堂，有著名的裸弁天（妙音弁財天像）及賴朝捐獻的八臂弁財天（重要文化財）。■8:30～17:00／150日圓

中津宮●853（仁壽3）年慈覺大師為供奉市寸島比賣命而創建。1996年修建的紅漆社殿。天花板上的花鳥畫及雕刻非常出色。

奧津宮●過去稱為本宮或御旅所。供奉多紀理比賣命的社殿為1842（天保13）年重建。拜殿天花板上著名的「瞪視八方的烏龜」出自酒井抱一之筆。

4 江之島岩屋
洞窟

參觀 20分

被海浪侵蝕而成的洞窟，深度152m的第一岩屋可單手拿著蠟燭參拜石佛。深度56m的第二岩屋則展演龍神傳說。■9:00～18:00／無休／500日圓／☎0466-22-4141（藤澤市觀光協會）

◀位於島的最深處，據說日蓮上人及弘法大師也曾在此修行

3 江之島山繆克金花園
庭園、瞭望塔

參觀 30分

▲花園裡美麗的四季花卉（左）。過去溫室殘留下來的遺跡（右）

英國貿易商Samu Cocking在1882（明15）年蓋的庭園。茂的南國樹木中茶花與玫瑰盛開。高59.8m的瞭望塔上可將四面八方的大景盡收眼底。■9:00～20:00／無休／200日圓（瞭望燈塔另付300圓）／☎0466-23-062

江之島
えのしま

前往江島神社參道上的好店〔美食、購物〕

START GOAL 往江之電江之島站

↑江之島站・片瀨海岸在 P.64~65

從這裡到 片瀨江之島站 約5分

10分

洞窟方向的 乘船搭乘處

WC

勢及史蹟 江之島碑

圓弧形日晷

3分

從這裡出發

往江之島站…從鎌倉站 搭江之島電鐵需24分、 260日圓（從藤澤站出發 需11分、220日圓）

往片瀨江之島站…從藤 澤站搭小田急江之島線 需7分、154日圓

---

1 丸だい仙水
せんすい

【海產】

在這裡可品嘗到相模灣的海鮮。放上整整 一隻江之島產伊勢龍蝦的「伊勢龍蝦蓋飯定 食」2625日圓。■11:00~19:30LO／週三休 （逢假日則營業）／♪0466-26-4701

◀放上水煮鯣 仔魚及碎剁竹 筴魚的「竹筴 魚鯣仔魚蓋飯 定食」2160日 圓

2 江の島ガラス Hook

【玻璃工藝】

以江之島為主題的原創玻璃工藝品大受歡 迎。小的只有小指尖大小。還有各種耳環及項 鍊。■11:00~18:00／第3週五休／♪0466- 50-1758

◀江之島貓咪 各700日圓

日本近代動物學發祥地 Edward S・Morse紀念碑

往江ノ島（江之電） 往湘南港棧橋（京急） 下車處

弁財天仲見世通 世界女性群像噴水池

湘南港

WC

江ノ島（神奈中） 江ノ島（江之電、京急）

觀光旅遊 服務處

WC

S S S S 丸だい仙水 ◆惠比寿屋

◆江島神社

江之島遊艇碼頭

中央海道

螺螺島

右斜參可愛的模 戲幾・別忘鎖的愛 棟

江之島郵局 小川亭 H 延命寺 H 淺江 重助

カフェーマル

とびっちょ 6

島神社參道 食堂いのうえ

兒玉神社

ネーチヨイト

7分

休憩棟 WC

帆船放置處

♀かながわ女性センター

磯料理きむら

聖天島 公園

WC

3分

手扶梯搭乘處 不老門再建記念碑

女神神社 女性奈奈 中心中川川 縣立

帆船用品♀ 江ノ島ヨットハーバーヨットハウス ♀cafe Tobiccho S 1964 Nineteen Sixty-Four

WC

手扶梯搭乘處

AFE Pル江 ア

中津宮廣場

甘味茶房・東雲亭

小田急江之島 帆船俱樂部

S 江の島ゆうひ茶屋 S あさひ本店頂上店

棧湘 橋南 港

入口

♀おりば 入口

湘南港碼頭

P 縣營 停車場

4分

龜岡廣場（瞭望台）

N

1:6,400

0 ────── 100m

◀紀の国屋本店的名品，貝殼 造型的最中夾著冰淇淋與豆沙 餡的「濱邊冰淇淋」250日圓

▲車輛專用的江之島大橋 （右）與行人專用的江之島弁 天橋（左）連結起片瀨海岸與 江之島

足湯的江之島美食街

參拜道路鳥居前 集合了藤澤、江之 島的美食。湘南バー ガー等餐廳在江之 島Island SPA的龍 廣場邊排成一列。

山二分

將江之島一分 為二的界線，據 說由海蝕洞崩塌 形成。在島上也 有視野絕佳的地 點。

◀江島神社的參道， 邊逛兩旁的店家邊往 前走，不知不覺就走 到盡頭了

前往江島神社參道上的好店〔美食、購物〕

江之電 江之島站

步行10分

名勝及史蹟 江之島碑

步行8分

江島神社 青銅鳥居

步行7分

江島神社 邊津宮

步行7分

江之島 山繆金 花園

步行7分

江島神社 奧津宮

步行10分

江之島岩屋

步行49分

江之電 江之島站

奧津宮 江之島山繆克金花園 江島神社邊津宮 名勝及史蹟 江之島碑 江之電江之島站 江之島瞭望燈塔 江島神社中津宮 青銅鳥居 100m 50 0

5 あさひ本店
章魚仙貝

名品是海鮮仙貝，加入以自製醬料調味的章魚和蝦子壓製而成。可觀賞製作過程。
■9:00～18:00／週四休（逢假日則翌日休）／☎0466-23-1775

◀保留整隻蝦原樣的烤蝦仙貝1片600日圓

4 ハルミ食堂
海鮮

1922（昭和2）年創業。構思出江之島名產「江之島蓋飯」，並堅持使用生蠑螺。
■10:00～18:00（夏天至19:00，冬天至17:00）／週五休（7、8月無休）・☎0466-22-3629

◀用柔嫩雞蛋包覆蠑螺和魩仔魚的江之島蓋飯1300日圓

3 紀の国屋本店
和菓子

1789（寬政元）年創業。女夫饅頭有黑麵皮包豆粒餡的「茶饅頭」，與散發日本酒香的麵皮包豆沙餡的「白饅頭」2種。
■8:00～18:00／週三休（逢假日則營業）／☎0466-22-5663

◀可買到剛做好的饅頭，個680日圓

6 カフェー マル
咖啡廳

昭和初期風格。現磨咖啡與蛋糕是招牌餐點，苦味較淡的特調咖啡搭配優格蛋糕的套餐1000日圓～。
■10:30～18:00／週四休／☎0466-27-7939

◀店內使用的咖啡杯盤與蛋糕碟都是骨董餐具

7 しまカフェ 江のまる
咖啡廳

時髦的咖啡廳，改裝自大正時代的老民房。附設的藝廊裡展示並販售當地作家製作的陶器、木製品及和風雜貨等。■11:00～日落／週三休／☎0466-47-6408

◀店內裝飾著HILO KUME描繪熱帶樂園的原畫及版畫

8 中村屋羊羹店
和菓子

創業超過100年。擁有高雅海苔風味的「元祖海苔羊羹」自明治時代就是江之島的名產。一條850日圓，也有可邊走邊吃的切片110日圓。■9:00～18:00／天候不佳時休／☎0466-22-4214

◀傳承四代的海苔羊羹

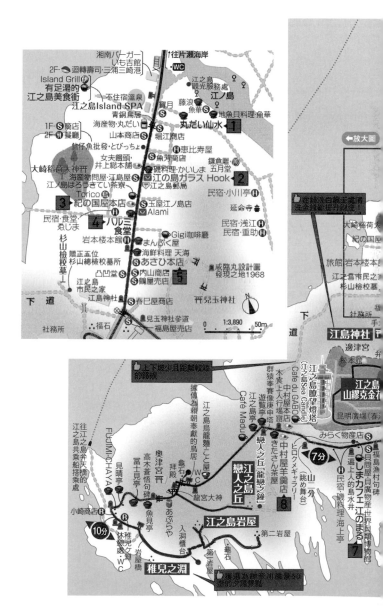

龜岡八幡宮

據說由於建在龜般的山丘上，而取了與鎌倉的鶴岡相對的龜岡。

延命寺
（えんめいじ）

據傳由於弘法大師設置了本尊的佛龕（ZUSHI），而得到逗子（ZUSHI）這個地名。

◀淺瀬邊闊又風平浪靜的逗子海岸，適合全家大小同樂而大受歡迎

往葉山的交通方式

往三丘…從逗子站（新逗子站）搭京急巴士需15（13）分、247日圓（下車後往美術館步行1分）

往一色海岸…從逗子站（新逗子站）搭京急巴士需16（14）分、247日圓（下車後往潮騷公園步行即到）

廣域圖 p.5-K

▼▲▼▲▼▲▼▲▼▲▼▲

逗子‧葉山

ずし‧はやま

在海邊悠悠哉哉地散步

▼▲▼▲▼▲▼▲▼▲▼▲

從這裡出發

往逗子站…從品川站搭JR橫須賀線需52分、712日圓。

從新宿站搭JR湘南新宿線需1小時2分、918日圓

7 葉山 潮騷公園

公園　　　　　　**參觀30分**

設在舊葉山御用邸屬邸的舊址上。可在日本庭園裡散步，也能一望富士山與伊豆半島。■8:30～17:00（最後入園為30分前）／週一（逢假日則翌日休）、假日的翌日休／300日圓／☎046-876-1140

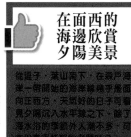

◀還有介紹相模灣海洋生物的葉山潮騷博物館

若從這裡出發

往新逗子站…從品川站搭京濱急行本線、逗子線快特需50分、638日圓

在面西的海邊欣賞夕陽美景

從逗子‧葉山南下，在森戶海洋一帶開始的海岸線幾乎是面向正西方。天氣好的日子可看見夕陽流入水平線之下。除了海水浴的季節外人潮不多，可充份享受恬靜的夕陽時分。

◀在中庭或散步道的瞭望台上所望見的富士山與夕陽美不勝收

6 神奈川縣立 近代美術館 葉山

美術館　　　　　　**參觀50分**

展示日本國內外的近現代美術作品，還可欣賞戶外雕刻。■9:30～17:00（最後入館為30分前）／週一（逢假日則開館）、更換展品期間休／費用依展覽而異／☎046-875-2800

散步時間約 **3小時00分**

JR逗子站東口

↓步行6分

銀座通入口

↓步行10分

六代御前之墓

↓步行12分

蘆花紀念公園

↓步行10分

渚橋

↓步行23分

浪子不動

↓步行11分

披露山公園

↓步行20分

小坪海岸巴士站

相模灣

1:39,090　500m

橫須賀市

3 蘆花紀念公園

參觀20分

公園

紀念明治時代在逗子定居約4年的德富蘆花。逗子市鄉土資料館裡還有他的親筆原稿。■9：00～16：00／入園免費（資料館100日圓）／週一休（逢假日則翌日休）／☎046-873-1741

◀建築物是德川家16代當家家達蓋來作別墅的茶屋風格建築

2 珠屋洋菓子店 レストラン

西點

有用巧克力包起可可海綿蛋糕的薩赫捲（2462日圓），以及加入黃桃果肉的桃子捲（2462日圓），並附設餐廳（～17：30LO）。■10：00～19：00／不定休／☎046-871-2242

◀可內用的薩赫捲，鮮奶油的滋味令人懷念

1 沖繩ごはん くくる食堂

沖繩菜

供應必吃的沖繩麵690日圓與份量滿點的塔可飯900日圓。晚上還有泡盛。■11：00～14：30LO、17：30～22：00LO／週二、第3週三休（可能變更）／☎046-802-0996

◀在緊鄰大海的逗子品味沖繩氛圍

若從這裡出發

往♀小坪海岸…從逗子站搭京急巴士需16分、195日圓

◀逗子海岸ロードオアシス最適合在兜風或散步途中休息一下。伴手禮店、餐廳、可免費使用的休憩室、觀光服務處及洗手間應有盡有

4 披露山公園

公園

參觀10分

以眺望江之島浮在海面上的相模灣、遠方的富士山、伊豆箱根的山等景色聞名。還有飼養孔雀、兔子及鴨子的小動物舍、猴子遊玩的猿舍，以及適合幼兒的迷你遊樂器材。■自由入園

特別推薦 Point！

◀圓形瞭望台位於海拔恰好100m之處

5 湘南港町 BETTEI

餐廳

豪邁放上大量魩仔魚的石蓴魩仔魚橄欖油香蒜義大利麵非常熱門。以柴窯燒烤的披薩也是一絕。■11：30～14：30LO、17：30～21：30LO（週六、日的晚上為17：00～21：00LO）／週三休／☎0467-50-0234

◀可品嘗到使用鎌倉蔬菜及湘南品牌肉類製作的餐點

▲以拖網魩仔魚和用特製眼鏡窺探於水中採集的蠑螺而繁榮的小坪漁港

▲在田越川被處死的大代御前（平家直系第六代的高清）之墓。他悲慘的一生都記載在《平家物語》中

小坪海岸巴士站　披露山公園　浪子不動

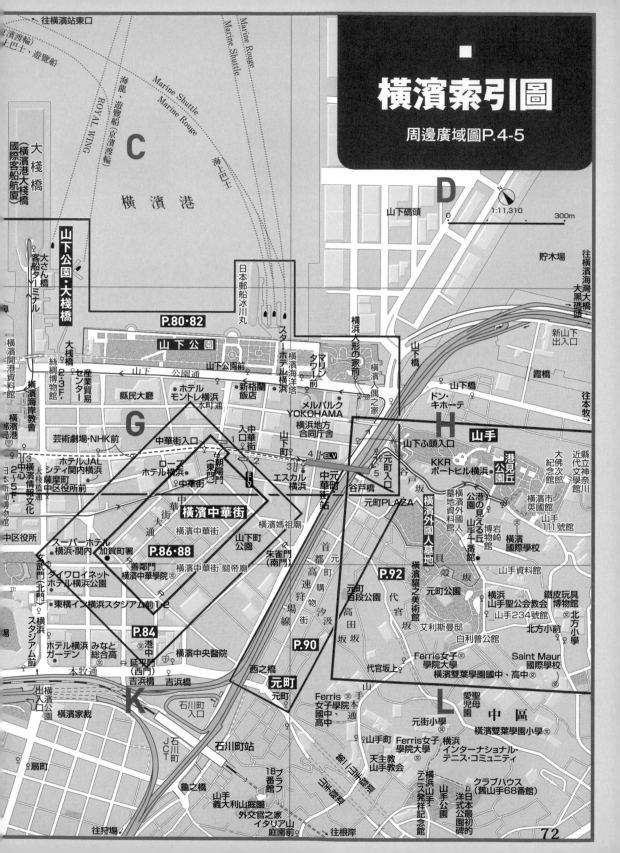

往橫濱站東口

(濱遊輪
上巴士、遊覽船)

Marine Shuttle

Marine Rouge

ROYAL WING

海龍、遊覽船(京濱渡輪)

Marine Shuttle

Marine Rouge

上海上巴士

C

横濱港

D

1:11,310

0 ————— 300m

山下碼頭

貯木場

往橫濱海灣大橋 大黑碼頭

大棧橋(横濱港大棧橋 國際客船航廈)

山下公園・大棧橋

P.80・82

日本郵船冰川丸

客船大連(國際客船航運廈)

横濱開港資料館

横濱海岸教會

橫濱港郵局

大棧橋 客船大樓 ターミナル

大棧橋 2・3F・絲綢博物館

山下 公園通

山下公園

産業貿易 センター

縣民大廳

芸術劇場・NHK前

ホテルモントレ横浜

新格蘭飯店

スターホテル横浜

山下公園前

横濱海洋塔

マリンタワー前

メルパルク YOKOHAMA

横浜地方 合同庁舎

横濱人形の家前

横濱人偶之家

山下町

新山下 出入口

山下橋

往本牧

霞橋

ドン・キホーテ

山下ふ頭入口

山下橋

H

山手

KKR ポートヒル横浜

港見丘 公園

大佛次郎 紀念館

近代文學館

縣立神奈川

横濱市 英國館

山手 111號館

G

ホテルJAL シティ関内横浜

横濱 情報文化 中心

中区役所

ホテル横浜 薩摩町

中区役所前

中華街入口

入口中 華街

ローズ

中華街

朝陽門 東門

ELV

エスカル 横浜

3F

4 F・ELV

中華 街 大通

P.86・88

横濱中華街

横濱中華街

横濱媽祖廟

山下町 公園

朱雀門 (南門)

谷戸橋

元町 入口

元町 PLAZA

谷戸坂

元町入口

横濱外國人 墓地 資料館

港の見える丘 公園

博物館

岩崎

山手資料館

横濱外國人墓地

貝殼坂

山手十番館

横濱市 英國館

横濱 國際學校

鐵皮玩具 博物館

山手234號館

北方小學

北方小前

スーパーホテル 横浜・関内

加賀町署

善鄰門 横濱中華學院

横濱中華街 關帝廟

首都高速狩場線

元町購物汐汲街

元町 百段公園

代官坂

横濱 山手聖公会教会

艾利斯曼邸

白利普公館

横濱 貓之美術館

元町公園

Saint Maur 國際學校

ダイワロイネット ホテル横浜公園

東横イン横浜スタジアム前1・2

横浜 スタジアム前

ホテル横浜 ガーデン

みなと 総合高

港中 延平門 (西門)

横濱中央醫院

P.84

玄武門 (北門)

横浜 スタジアム

横濱家裁

横濱公園 出入口

本牧通

K

本牧通

吉浜橋

吉浜橋

石川町 入口

石川町站

JCT 石川町

18 ブラフ 番館

18番館

亀之橋

山手義大利山庭園 外交官之家 イタリア山 庭園前

往狩場

西之橋

西之橋

元町

元町

P.90

首都高速狩場線

Ferris女子學院大學

代官坂

横濱雙葉學園國中、高中

代官坂上

Ferris 女子學院本通 國中 高中

元街小學

山手町

山手聖公会 本通

Ferris女子 學院大學

天主教 山手教会

L

中 區

愛聖 児母 園

横濱雙葉學園小學

横浜 インターナショナル・テニス・コミュニティ

横浜 山手 テニス発祥記念碑

クラブハウス (舊山手68番館)

山手公園

日本最初的洋式公園碑

往根岸

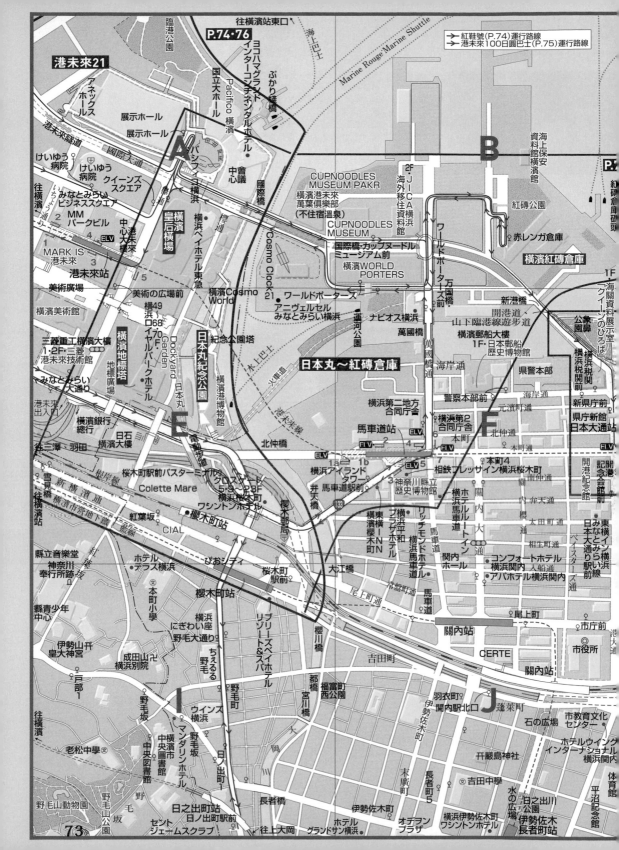

港未來21

→ 紅鞋號(P.74)運行路線
→ 港未來100日圓巴士(P.75)運行路線

往橫濱站東口

Marine Rouge Marine Shuttle

A

B

アネックス
ホール

ヨコハマグランド
インターコンチネンタルホテル

Pacifico 横濱

国立大ホール

ぷかり棧橋

海上巴士

海上保安
資料館
資料館横濱館

港未來線道

国際大通

展示ホール

展示ホール

國際橋

國際會議中心

CUPNOODLES
MUSEUM PAKR

2F JICA
海外移住
資料館前

紅磚公園

けいゆう
病院

けいゆう
病院

クイーンズ
スクエア

パシフィコ横濱

會議中心

横濱港未來
萬葉俱樂部
(不住宿温泉)

赤レンガ倉庫

往横濱

いちょう通り

みなとみらい
ビジネススクエア

横濱
皇后廣場

横濱ベイホテル東急

CUPNOODLES
MUSEUM

ワールドポーターズ前

横濱紅磚倉庫

MM
パークビル

中心港未來大棧橋

国際橋・カップヌードル
ミュージアム前

万国橋

MARK IS
港未來

港未來站

横濱Cosmo
World

橫49
68
70F.
イヤルパークホテル

横濱WORLD
PORTERS

新港橋

開港道、
山下臨港線遊步道

公象鼻

横濱郵船大樓

1F・日本郵船
歴史博物館

横浜税関前

美術廣場

美術の広場前

ワールドポーターズ

アニヴェルセル
みなとみらい横浜

運河公園

萬國橋

横濱美術館

横49
横浜
70F.

ワールドポーターズ

ナビオス横浜

新県庁前

県警本部

三菱重工横濱大樓
1・2F・三菱
港未來技術館

横濱地標塔

記念公園塔

日本丸紀念公園

日本丸〜紅磚倉庫

横濱銀行
總行

日石横濱大樓

地標廣場

日本丸

横濱港博物館

火車道

海岸通

県庁新館
日本大通站

松三澤・羽田

横濱第二地方
合同庁舎

横浜第2
合同庁舎

北仲通

本町通

E

F

桜木町駅前バスターミナル

北仲橋

馬車道站

ELV

ELV

新馬車道

横濱
市営地下鉄

クロスマート
5・9〜28F
横浜桜木町
ワシントンホテル

横濱アイランド
タワー

神奈川県立
歴史博物館

相鉄フレッサイン横浜桜木町

本町4

開港記念會館前
開港紀念館

Colette Mare

櫻木町

井天橋

馬車道駅前

ホテルトーイン
関内

横浜馬車道

紅葉坂

横濱郵局

横浜平和
プラザホテル

横浜
東急
REIN
横濱櫻木町N

リッチモンド
ホテル

横浜馬車道

ホテル横浜関内

コンフォートホテル

日本大通りみなとみらい駅線前

CIAL

桜木町
駅前

大江橋

馬車道

関内
ホール

横浜関内

アパホテル横浜関内

櫻木町站

ホテル
テラス横浜

ぴおシティ

ブリーズベイホテル
リゾート&スパ

櫻川橋

馬車道

CERTE

市役所

縣立音樂堂
神奈川県
奉行所跡前

本町小學

横浜
にぎわい座

野毛大通り

野毛

ちえるる
野毛

吉田町

関内站

市庁前

縣青少年
中心

成田山
横浜別院

ウインズ
横浜

都橋
宮川橋

福富町
西公園

羽衣町

関内駅北口

蓬莱町

市教育文化
センター

石の広場

I

J

伊勢山
皇大神宮

野毛坂

マンダリンホテル

伊勢佐木町

伊勢佐木町

吉田中學

ホテルウイング
インターナショナル
横浜関内

戸部
1

横濱市
中央圖書館

都橋

末廣町

開嚴島神社

長者町5

体育館

平沼記念館

野毛山動物園

野毛坂

野毛
山
公園

中央図書館

セント
ジェームスクラブ

日之出站
日ノ出町駅前

往上大岡

長者橋

ホテル
グランドサン横浜

伊勢佐木町

オデラン
プラザ

横浜伊勢佐木町
ワシントンホテル

日ノ出川
公園

伊勢佐木
長者町站

6
複合建築

橫濱皇后廣場

與港未來站連通。自然光透過玻璃天花板照入皇后購物中心，兩側排列著眾多商店和餐廳。2017年10月27日QUEEN'S EAST與橫濱皇后廣場（at!）合併為「港未來東急廣場」重新開幕。■開館時間、公休日視設施而異／☎045-682-1000

3座以波浪為主題的素簡高塔並列（左）。自然光從挑高的天花板注入（右）

散步時間約
5小時30分

港未來21

如今仍然持續開發的橫濱新都心〔景點〕

JR
櫻木町站

步行6分

橫濱地標塔

步行2分

三菱
港未來
技術館

步行5分

橫濱美術館

步行4分

橫濱
皇后廣場

步行10分

臨港公園
（海水池）

步行16分

日本丸
紀念公園

步行8分

JR
櫻木町站

1
複合設施 橫濱地標塔

高296m。從69樓距離地面273m的空中花園遠眺的視野無與倫比。〈空中花園〉■10:00～21:00（週六到22:00。最後入場為30分前）／無休／1000日圓／☎045-222-5030

▶從空中花園看出去的夜景

👆特別推薦Point!

2
複合設施 MARK IS 港未來

倍受矚目的大型商業設施。除了店鋪外還有30處以上的休憩空間。屋頂有果樹園及菜園。■開館時間視店鋪而異／不定休／☎045-224-0650（代）

◀設施的外觀四處點綴著綠意

👍 內部也值得一看的建築群

在這一區欣賞建築不能只看外觀，連內部也要細細仔細。內部是一片神奇的空間，給人感覺彷彿同時走在森羅大道與地下街。發現這麼有意思的地方讓人覺得橫濱變更厲害了。

從這裡出發

往櫻木町站…從橫濱站搭JR根岸線需3分、133日圓，搭橫濱市營地下鐵藍線需4分、206日圓

START GOAL

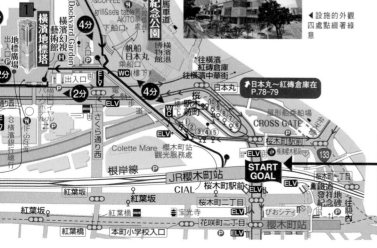

5 原鐵道 模型博物館

博物館 〔參觀 45分〕

展示原信太郎製作、收藏的鐵道模型及鐵道相關蒐藏品、堪稱是世界之一。■10:00～17:00（最後入館為30分前）／週二休（逢假日則翌日休）／1000日圓／☎045-640-6699

▲館內可拍照攝影

特別推薦 Point！

4 橫濱麵包超人 兒童博物館&購物商場

博物館 〔參觀 45分〕

會舉辦麵包超人表演秀及工作教室等活動。■10:00～18:00（最後入館為17:00，購物商場到19:00）／無休／1500日圓（商場免費入場）／☎045-227-8855

©やなせたかし／Froebel-Kan・TMS・NTV

▲有一整排販售麵包超人商品和食物的店

港未來 100日圓巴士

從日之出町站、櫻木町站出發，巡遊港未來21，抵達紅磚倉庫的百圓巴士。僅週六、週日、假日運行。

3 Orbi橫濱

博物館

可體驗大自然神秘之處的新型態博物館，還有能親近動物的展示區。■9:00～21:00（週五～日、假日、假日前日到22:00。最後入館為各1小時前）／不定休／800日圓／☎045-319-6543

◀巨大的螢幕上出現實際大小的動物們

紅鞋號

周遊橫濱著名景點的復古風100日圓巴士。以櫻木町站前為起迄點，行經港未來大通、紅磚倉庫、中華街、元町入口、港見丘公園前、山下公園前、大棧橋、馬車道站前。從櫻木町站前出發的班次，平日為10:00～18:00每20分1班、週六、日、假日為10:00～17:45每15分1班、18:05～19:05每20分1班。

臨港公園

面對橫濱港的寬廣公園。可一邊遠眺橫濱海灣大橋，一邊在草坪上放鬆休息。還有座因潮汐而改變水位高低的海水池。

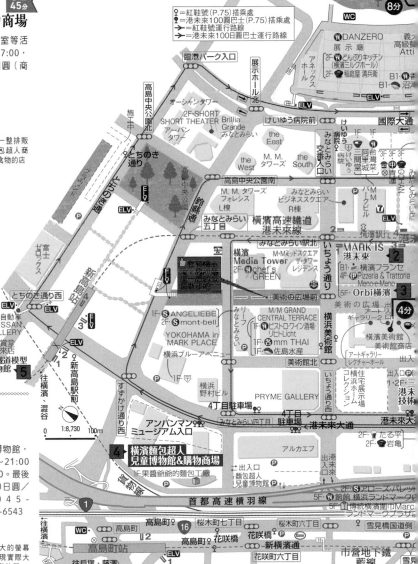

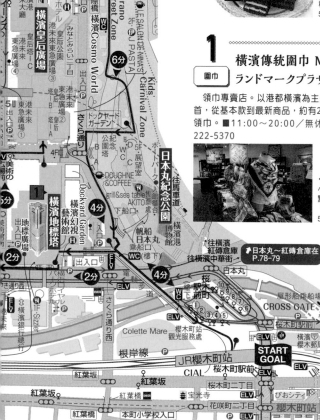

4 海鮮びすとろ ピア21

餐廳

橫濱洲際假渡飯店附設的水上餐廳。僅平日販售的午餐拼盤1080日圓～。■11:30～20:00LO／天候不佳時休／☎045-223-2141

◀無論哪個座位都是海景席，動態景觀魅力十足

3 Pizzeria & Trattoria Mano-e-Mano

義大利菜

最自豪的是義大利披薩師傅烤出來的正統拿坡里披薩。主廚嚴選當季美味食材所做出的各式美食也很吸引人。■11:00～23:00／不定休／☎045-319-6605

◀可供一大群人放鬆開心享用

2 橫濱フランセ

西點

以酥脆派皮夾起鮮奶油、外頭再裹上一層巧克力的「橫濱法式千層酥」非常受歡迎。■10:00～20:00（週五～日、假日、假日前日到21:00）／無休／☎045-651-2780

◀橫濱法式千層酥有草莓、抹茶和牛奶三種口味，6個540日圓～

1 橫濱傳統圍巾 Marca ランドマークプラザ店

圍巾

領巾專賣店。以港都橫濱為主題的設計為首，從基本款到最新商品，約有2000種原創領巾。■11:00～20:00／無休／☎045-222-5370

◀以橫濱風格小物品及名勝點綴的「YOKOHAMA」5400日圓

天賞堂 港未來店

位於原鐵道模型博物館所在大樓的1樓。販售鐵道模型、T恤等鐵道相關商品。■11:00～19:00（週六、日、假日到18:00）／週二休／☎045-227-6851

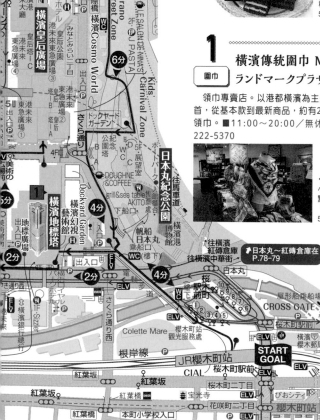

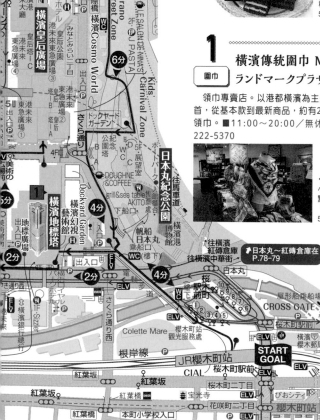

港未來21

新舊人氣商店大集合〔美食、購物〕

廣域圖 p.73-A·E

散步時間約 4小時30分

- JR 櫻木町站
- 步行6分
- 橫濱地標塔
- 步行2分
- 三菱港未來技術館
- 步行5分
- 橫濱美術館
- 步行4分
- 橫濱皇后廣場
- 步行10分
- 臨港公園（海水池）
- 步行16分
- 日本丸紀念公園
- 步行8分
- JR 櫻木町站

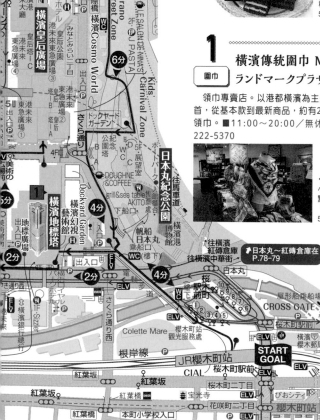

往橫濱紅磚倉庫、往橫濱中華街 日本丸→紅磚倉庫在 P.78-79

CROSS GATE

START GOAL

JR 櫻木町站

20m 10 0 路面高低差

76

6 京都祇園 門扇 みなとみらい店

拉麵

從京都雞肉餐廳誕生的拉麵。富含膠原蛋白的雞白湯拉麵，雞湯鮮味十足，讓人連湯都喝得一乾二淨。■11:00～23:00／週日、假日休／☎045-681-6011

◀特色是濃郁醇厚的美味，雞白湯拉麵810日圓

5 香家

中國菜

擔擔麵有4種，除了芝麻、辣椒、花椒外還加入藥膳，風味豐富。蝦餃子580日圓、皇后陛下的「美」芒果布丁（附中國茶）870日圓，也很受歡迎。■11:00～21:30LO／無休／☎045-228-7358

◀擁有花椒刺激性麻辣味的鬼擔擔麵920日圓（小碗610日圓）

7 mm THAI

泰國菜

從午餐到晚間的全餐皆可享受到辛辣又健康的泰國菜，天氣好時還可以在露天座位用餐。■11:30～15:00、17:00～22:30／不定休／☎045-228-8010

◀午餐時間最熱門的打拋豬肉飯900日圓

若從這裡出發

往新高島站…從橫濱站搭橫濱高速鐵道港未來線需1分、180日圓

8 果醬爺爺的麵包工廠

麵包店&咖啡廳

橫濱麵包超人兒童博物館&購物商場內的麵包店。2樓的咖啡廳有原創飲料和套餐可供選擇。■10:00～19:00／無休／☎045-212-4221

▲角色麵包1個310日圓～

©やなせたかし／Froebel-Kan・TMS・NTV

若從這裡出發

往港未來站…從橫濱站搭橫濱高速鐵道港未來線需3分、180日圓

▲臨港公園裡的雕塑「水果樹」

🚏=紅鞋號(P.75)乘車處
🚏=港未來100日圓巴士(P.75)乘車處
→=紅鞋號運行路線
→=港未來100日圓巴士運行路線

JR櫻木町站　日本丸紀念公園　國際橋

散步時間約 4小時30分

接觸既古老又新潮的橫濱

日本丸～紅磚倉庫

▲山下臨港線的軌道遺跡，已成為遊步道的火車道。保留了明治時代的鐵橋與鐵軌

6 横濱紅磚倉庫

複合設施

利用2棟紅磚保稅倉庫的設施。有多用途空間和大廳的1號館是1913（大正2）年的建築。而2號館是1911（明治44）年的建築，內有日本最古老的載貨電梯、避雷針及消防栓。館內保留了當年的紅磚牆及運貨坡道。陽台上看出去的景色非常漂亮。■1號館為10:00～19:00，2號館為11:00～20:00（飲食到23:00，視店鋪而異）／無休／☎045-211-1515（1號館）、☎045-227-2002（2號館）

◀黃昏時會點燈，營造出與白日截然不同的氛圍

♀=紅鞋號(P.75)搭乘處
♀=港未來100圓巴士(P.75)搭乘處
➡=紅鞋號運行路線
➡=港未來100日圓巴士運行路線

若從這裡出發

往馬車道站…從橫濱站搭橫濱高速鐵道港未來線需5分，180日圓

搭屋形船周遊橫濱港

在橫濱說到船不外乎是客船或遊艇，但其實還有古老的屋形船。照片中的あみ貞丸由漁業會經營，就搭著屋形船來欣賞橫濱的都市景觀吧。
☎045-451-2253（橫濱漁業合作社）

8 神奈川縣立歷史博物館

博物館

針對古代的相模、中世紀的鎌倉及戰國大名北條氏等做解說。明治時代的租界模型也很值得一看。■9:30～17:00（最後入館為30分前）／週一休（逢假日則開館）／300日圓／☎045-201-0926

◀博物館的標誌建築，2018年4月重新開館

從這裡出發

往櫻木町站…從橫濱站搭JR根岸線需3分，133日圓

7 VANILLABEANS

巧克力

總公司位於橫濱的巧克力公司旗艦店。充滿可可香氣的店內有工作坊和咖啡廳，可享用嚴選巧克力製作的甜點和飲料。■11:00～19:00／週三休／☎045-319-4861

◀店內排著生巧克力甜點和不同可可產地的巧克力

JR櫻木町站
步行6分
日本丸紀念公園
步行11分
橫濱WORLD PORTERS
步行8分
海上保安資料館橫濱館
步行4分
橫濱紅磚倉庫
步行12分
日本郵船歷史博物館
步行5分
神奈川縣立歷史博物館
步行即到
馬車道站3號出口

3 CUPNOODLES MUSEUM

博物館

原創杯麵和雞肉拉麵的製作體驗非常熱門。■10:00～18:00（最後入館為1小時前）／週二休（逢假日則翌日休）／500日圓（體驗需另外付費）／☎045-345-0918

◀可學到泡麵的歷史

4 MARINE & WALK YOKOHAMA

複合商業設施

眼前就是大海，由綠意與木質空間打造舒適的開放式商場。有眾多獨特的進口品牌與選貨店。■11:00～20:00（視店鋪而異）／☎045-680-6101

◀中央大道上店鋪一間接一間，可一邊看海一邊用餐

5 横濱 Cosmo World

遊樂園

因大型摩天輪「Cosmo Clock 21」而為大家熟知的都市型立體遊樂園。■平日11:00～21:00（週六、日、假日到22:00）／週四休（假日、繁忙期營業）／免費入園（娛樂設施另外付費）／☎045-641-6591

◀可玩到約20種的娛樂設施

2 横濱WORLD PORTERS

複合設施

流行服飾、室內擺飾商店以及餐廳、甜點等美食種類豐富。1樓的Hawaiian Town一定要去看看。■10:30～21:00（視店鋪而異）／不定休／☎045-222-2000

◀館裡還有影城

1 日本丸紀念公園

帆船，博物館

參觀1小時

因揚帆時美麗的外觀而有「太平洋上的天鵝」之稱的帆船日本丸，保存並展示在橫濱船渠第一號船塢。公開船長室及實習生室等場所。1年會有12次左右張開全部的船帆展示。緊鄰的是橫濱港博物館，介紹橫濱港的歷史及任務。正統的操船模擬訓練非常熱門。■10:00～17:00（最後入館為30分前）／週一休（逢假日則翌日休）／600日圓（企畫展可能需另外付費）／☎045-221-0280

特別推薦 Point!

▲帆船日本丸在2017年指定為國家重要文化財

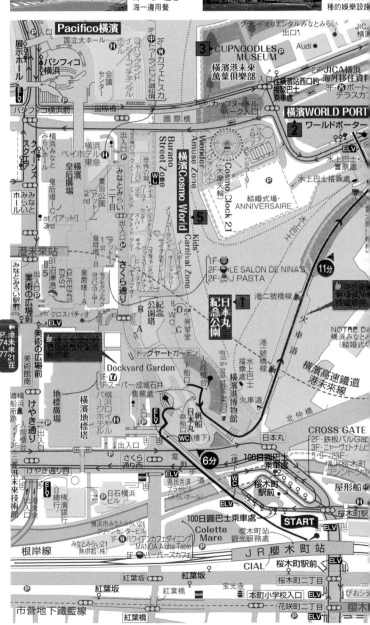

山下公園

利用關東大地震的瓦礫建造的西洋式公園。草坪廣場除了花圃和噴水池外，還立著像與碑。

廣域圖 p.72-C‧G‧H

6 橫濱人偶之家

展示館　參觀30分

以「從橫濱出發‧全球玩偶巡航」為主題，展示全世界的民族人偶及日本的鄉土人偶。
■9:30～17:00（最後入館為30分前）／週一休（逢假日則翌日休）／400日圓／☎045-671-9361

◀展示高藝術價值人偶的「蒐藏品走道區」也值得一看

山下公園‧大棧橋

やましたこうえん‧おおさんばし

感受汽笛與海風【景點】

散步時間約 5小時30分

日本大通站3號出口
↓步行3分
橫濱開港資料館
↓步行6分
大棧橋
↓步行6分
山下公園
↓步行8分
日本郵船冰川丸
↓步行4分
橫濱海洋塔
↓步行2分
橫濱人偶之家
↓步行3分
元町‧中華街站4號出口

騎著baybike輕鬆觀光

在山下公園及周邊一帶騎「baybike」觀光最為便利。若支付現金則不需註冊，1日（6:00～22:00）1500日圓即可自由騎乘！可在附近的便利商店購買租車券。

若從這裡出發

往元町‧中華街站…從橫濱站搭橫濱高速鐵道港未來線需8分、210日圓

大棧橋

長450m，從國際客船航慶屋頂的甲板和草坪廣場可欣賞橫濱港的景色。

4 Marine Shuttle

遊覽船

遊覽橫濱港的巡遊船。船內以南歐咖啡廳主題，可享用輕食和飲料。有40分（1000日圓）、60分（1600日圓）和90分（2200日圓）3種路線。■☎045-671-7719

◀繞行橫濱海灣大橋及鶴見翼橋

5 橫濱海洋塔

瞭望塔　參觀40分

1961（昭和36）年開業。從瞭望樓層可一覽房總半島，夜景也大力推薦。還有商店和餐廳。
■10:00～22:30／無休／750日圓／☎045-664-1100

◀入口處山下清創作的瓷磚畫〈橫濱的今昔〉也值得欣賞

特別推薦Point！

橫濱開港資料館

以「橫濱市史」為基礎，保存並展示自幕末至昭和初期的資料。也有黑船來航的小報。■9:30～17:00／週一休（逢假日則翌日休）／200日圓／☎045-201-2100

橫濱三塔

別名國王塔的「神奈川縣廳之廳舍」（左上）、皇后塔「橫濱海關」（左下）以及傑克塔「橫濱市開港紀念會館」（右上）的總稱。曾經是船隻駛入橫濱港時的標記。

往鯨魚背 250m

大棧橋

橫濱港大棧橋國際客船航廈

ROYAL WING

HARBOR'S CAFE

KAIKYO

1:5,710   50m   6分

BIKE TOWN YOKOHAMA

HAMA CAFE・BLUEBLUE

JACK CAFE

象鼻公園

象鼻咖啡廳

客船Rose搭乘處

日本丸～紅磚倉庫在 P.78-79

往橫濱紅磚倉庫

新港橋

橫濱開港150週年紀念碑

開港之丘 象鼻展望台

京濱渡輪（港內遊覽）・搭乘處

大さん橋ふ頭ビル

101年間舊大さん橋支えた螺旋杭

マリンコープ

大さん橋總合ビル

大さん橋食堂

橫浜税関監視部庁舍

ハッピーローソン

開港道、山下臨港線遊步道

橫濱海關 1F・海關資料展示室「クイーンのひろば」 展示室入口

kaguya   PENNY'S DINER・RESTAURANT SCANDIA

Camphor tree

CJ CAFE

海岸通

橫浜税関分庁舍

橫濱開港資料館

Au jardin de Perry

開港廣場

神奈川縣廳 本廳舍

日本大通站

日本大通

神奈川運上所駅跡前

橫濱海關教會 日本大通り入口

START

港大通

北仲通

Cafe GOURMAND

往橫濱車道 本町1丁目 B1・E'Carina

神奈川縣 新廳舍（施工中）

縣廳前

日本大通站

日本大通

橫濱市開港紀念會館

縣廳前

LUNCHAN AVENUE 橫濱情報文化中心 2～5F日本新聞博物館 8～10F廣播LIBRARY Alte Liebe

2F・CAFE de la PRESSE

橫濱地方・簡易裁判所

2F・橫浜ユーラシア文化館 4F・橫浜都市発展記念館

GRAND BACK

穿紅鞋的小女孩像   8分

山下公園

產業貿易中心前

山下公園通

縣民ホール前   創価記念

橫浜第一・港合同庁舍 英一番館跡

大棧橋

jonathan's

2F・Cafe de la Paix

產業貿易 神奈川県立県民ホール

B1・たみや   餐廳&酒吧 HOF BRAU

1F・橫浜観光コンベンションビューロー 2F・パスポートセンター

絲綢博物館

MAMMUT STORE 山下町SSKビル

山土地 山內ピル橫浜

ワークピア

味奈登庵

THREE MARTINI

ホテルモントレ横浜

RESCALE

ROMA STATION   山下町

LOA Historia   DORA   港未來線

日本大通駅 縣廳前

三井物産 橫浜ビル

藤棚 李さんの店

B1・MELLOW CLUB 旧橫浜

ジョージの店   味奈登庵

B1・ロ一ストビーフの店 鎌倉山

アルファロメオ

山下町消防出張所前

神奈川県芸術劇場 NHK横浜

橫浜赤十字病院

大和市自治会 山下町・川口町

神奈川県 芸術劇場 NHK横浜前

本町通

消防・防災山下

ホテルJALシティ 関內橫浜

かをり

自治会 川津川

横浜ビル   県民ホール入口

RESTAURANT TREVI

LOA Historia アイダルサロン・LOA Historia 花津月

中華街通 中華街（朝陽門）

重慶飯店新館

Lazy Starfish ロースホテル横浜

從這裡出發

往日本大通站…從橫濱站搭橫濱高速鐵道港未來線需6分、210日圓

---

1 海關資料展示室「クイーンのひろば」

資料館 ／參觀15分

有「橫濱開港與橫濱海關的起源」等11區，介紹海關的工作。名牌仿冒品也令人很感興趣。■10:00～16:00（5～10月到17:00）／無休／免費／☎045-212-6053

▶照片裡全是名牌仿冒品，也展示與真品的差異比較

2 絲綢博物館

博物館 ／參觀20分

介紹曾經是主要出口品的生絲與絲絹。展示從繭到絲的過程，以及絲綢衣物的變遷等等。■9:00～16:30（最後入館為30分前）／週一休（逢假日則翌日休）／500日圓／☎045-641-0841

◀可在手機機上體驗機器織布

3 日本郵船 冰川丸

船 ／參觀30分

活躍於西雅圖航線的大型貨客船，曾往返太平洋254次。公開客房及船員區。■10:00～17:00（最後入館為30分前）／週一休（逢假日則翌平日休）／300日圓／☎045-641-4362

◀1930年建造，全長163.3公尺的貨客船

特別推薦 Point！

◀典雅的新格蘭飯店本館

7
鬆餅 **Eggs'n Things**
橫濱山下公園店

以滿滿鮮奶油的夏威夷鬆餅而廣為人知的超紅鬆餅店。夏威夷漢堡排飯及班尼迪克蛋等讓人感受到夏威夷的餐點十分豐富。
■9:00～22:00/不定休/☎045-222-8481

◀最受歡迎的鬆餅1080日圓～。雖然份量滿點，但口味清爽不會太甜

廣域圖 p.72-C・G・H

▼▲▼▲▼▲▼▲▼▲

遍布人氣難以動搖的名店〔美食、購物〕

山下公園・大棧橋
やましたこうえん・おおさんばし

▼▲▼▲▼▲▼▲▼▲

散步時間約
5小時30分

日本大通站3號出口

↓ 步行3分

橫濱開港資料館

↓ 步行6分

大棧橋

↓ 步行6分

山下公園

↓ 步行8分

日本郵船冰川丸

↓ 步行4分

橫濱海洋塔

↓ 步行2分

橫濱人形之家

↓ 步行3分

元町・中華街站4號出口

海洋塔商店

販售原創商品及橫濱周邊商品橫濱001。有塔型礦泉水和手機繩等眾多商品。橫濱水果糖345日圓。■10:00～20:00／無休／☎045-640-0710

◀鑲在神奈川縣廳分廳舍前地面的板子。從這裡可一覽橫濱三塔的國王塔、皇后塔及傑克塔

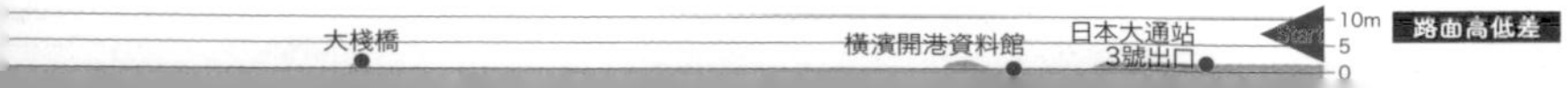

5
西餐 **Café de la Paix**

膨鬆的蛋包飯及漢堡排各980日圓。海鮮烤1080日圓等西式餐點也很豐富。從店內可眺望公園通上的銀杏行道樹及橫濱港。
■10:00～22:00/無休/☎045-671-7150

◀可將橫濱港盡收眼底的絕佳地理位置

6
餐廳船 **Marine Rouge**

可一邊眺望橫濱美景一邊用餐的船。有12:00發船的午餐巡航、16:00發船的日落巡航（皆為5500日圓），以及19:00發船的晚餐巡航（11000日圓），需預約。■☎045-671-7719

◀費用包括船資及餐費

若從這裡出發

往元町・中華街站…從橫濱站搭橫濱高速鐵道港未來線需8分、210日圓

◀橫濱中華街在P.84-89

◀元町在P.90-91

82

1

西點 **かをり**

販售風味高雅的點心，將浸過高級白蘭地的葡萄乾及奶油以餅乾夾起來的「葡萄乾三明治」8個1296日圓。■9：00～19：00（週六為10：00～，週日、假日12：00～）／無休／☎045-681-4401

▶日本丸～紅磚倉庫在P.78-79

附設茶沙龍

從這裡出發

往日本大通站…從橫濱站搭橫濱高速鐵道港未來線需6分、210日圓

8

鬆餅 **Cinnamon's**

獲選為美國鬆餅獎TOP10的夏威夷人氣店。在這裡可盡情享用以夏威夷漢堡排為首的正宗夏威夷風味。■9：00～21：00／無休／☎045-319-6134

▶巴西莓草鬆餅1600圓，小份1300日圓

（地圖上的主要標示／地點）

大棧橋國際客船航廈
客船終點站
往鯨魚背
龍之大棧橋海灣
Royal Wing
HARBOR'S CAFE
京濱渡輪（港內遊覽）搭乘處
水上巴士搭乘處
大さん橋ふ頭ビル
101年間旧大さん橋を支えた螺旋杭
マリンコープ
大さん橋総合ビル
大棧橋食堂
KAIKYO
横浜税関監視部分庁舎
横浜水上署
穿紅鞋的小女孩像
山下公園
山下公園通
Café de la Paix
HOF BRAU
ESCALE
HAMA CAFE
BIKE TOWN YOKOHAMA
JACK-CAFE
BLUEBLUE
象鼻公園
象鼻咖啡廳
客船Rose搭乘處 象鼻碼頭
風韻
Sala
開港道、山下臨港線遊步道
PENNY'S DINER
RESTAURANT SCANDIA
kaguya
Camphor Tree
Au jardin de Perry
横濱開港資料館
絲綢博物館
開港廣場
レストハウス ハッピーローソン
產業貿易中心
Fitcare depo
たまや
橫浜觀光コンベンションビューロー
jonathan's
神奈川縣立縣民ホール
縣民ホール前
横濱海岸教會
日本大通りビル
MAMMUT STORE
山下町SSKビル
日土地 山下町ビル
ワークピア橫浜
やくぜん
味の店
B1-MELLOW CLUB
旧横浜
橫濱海關
CJ CAFE
海岸通
横浜税関分庁舎
神奈川県庁新庁舎（施工中）
Cafe GOURMAND
北仲通
E'Carina
日本大通站
日本大通
日本大通り駅
LUNCHAN AVENUE
日本新聞博物館
さくら水族館
Alte Liebe
CAFE de la PRESSE
横浜地方・簡易裁判所
横浜都市発展記念館
横浜ユーラシア文化館
GRAND BACK
START
ジョージ's
鎌倉山
味奈登庵
ローストビーフの店
アルファメオ
三井住友海上橫浜ビル
ホテルJALシティ関内橫浜
かをり
大さん橋通
消防出張所
RESTAURANT TREVI
baquero and curry
POZZI
LOA Historia
Lazy Star!
ロースホテル橫浜
中華街站（朝陽門）
重慶飯店新館
1：5,710

2

特產直銷商店 **物產・観光プラザ かながわ屋**

以「神奈川名產100選」為中心，展售神奈川縣的好東西。橫濱啤酒518日圓、三崎的味噌醃鮪魚、酒粕醃鮪魚各339日圓。■10：00～18：00／週一休（逢假日則翌日休）／☎045-662-4113

▶店內固定設有觀光情報區

3

咖啡廳 **HAMA CAFE**

外觀純白可愛。以夏威夷漢堡排為首的午餐盤相當出名。有趣味拉花的卡布奇諾648日圓。■11：00～23：00（週日到22：00）／週一休／☎045-650-6225

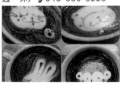

▶幾乎人人都點的卡布奇諾

4

餐廳船 **Royal Wing**

日本唯一的娛樂餐廳船，餐點備有全餐、自助餐。■12：00～、17：00～、19：00～（週六、日、假日需確認）出航（需預約）／週一休（逢假日則出航）／☎045-662-6125

▶午間自助3500日圓～照片為7500圓的全餐

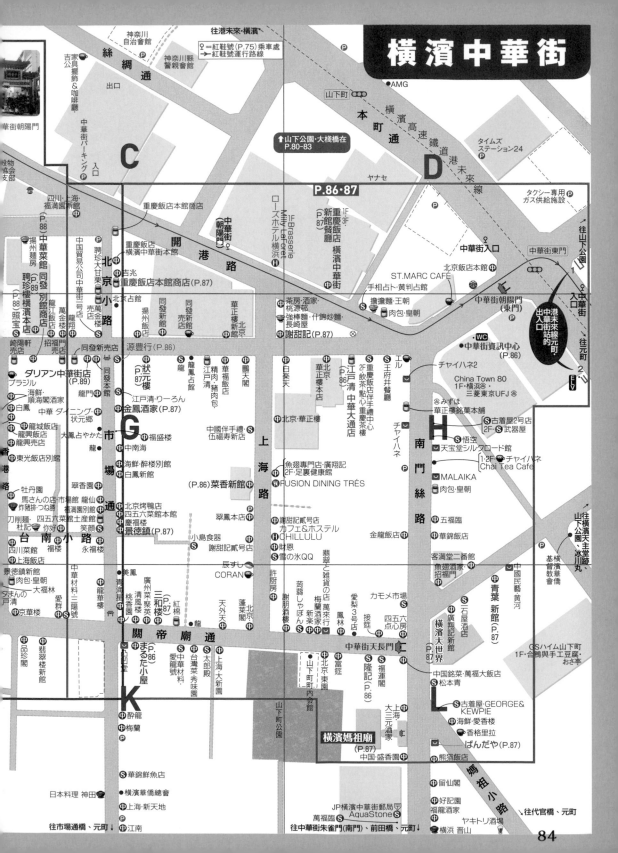

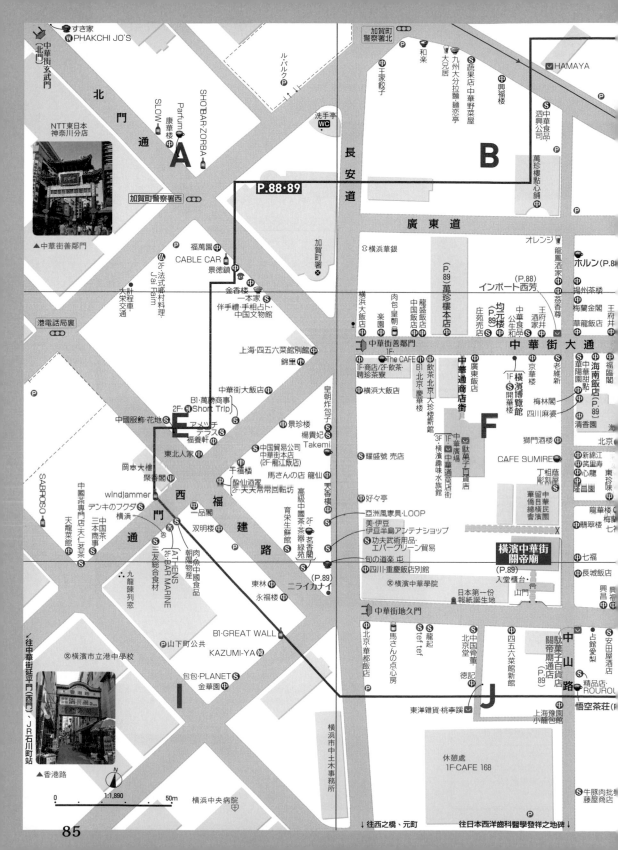

3

中華包子 江戸清
えどせい
中華大通店

豬肉大包子500日圓。有15種以上的中華包子。供外帶的冷凍燒賣和燒餅種類也很豐。■9:00〜20:00（週六、日、假日到1:00）／無休／☎0120-290-544

◀店頭大蒸籠冒出的水蒸氣讓人食指大動

4

資訊 中華街資訊中心

固定配置負責介紹的工作人員，導覽地圖等資料齊全。還可看到配合季節的中華街風格展示。■10:00〜20:00（週五、六到21:00）／無休／☎045-681-6022

◀裝設整面玻璃的空間，等人也很方便

5

食品 源豐行
げんぽうこう

戰後隨即創業，第一間以瓶裝販賣中式調味料的商店，還兼教客人使用方法和食譜。四川豆瓣醬（220g）410日圓〜。■10:30〜21:00／週三休／☎045-681-5172

◀替炒菜增添風味的蠔油540日圓〜

6

飲茶 菜香新館
さいこうしんかん

從飲茶到全餐，有各式各樣的餐飲。1樓販售的「元祖炸蝦捲」2條580日圓。■11:30〜21:00LO（週六、日、假日為11:00〜）／第2週二休／☎045-664-3155

◀僅平日販售的清芳午餐2100日圓在5樓的「春芳春」

8

中國茶 隆記
りゅうき

販售中華食材的隆泰商行在2002年開設以中國茶為主的店鋪。除了中國茶之外還有中華香料，品項繁多。■10:00〜18:30／無休／☎045-227-2588

◀店內有超過100種的中國茶具，也兼賣茶具

廣域圖 p.72-G・K

散步時間約 2小時30分

よこはまちゅうかがい
横濱中華街
「南門絲路〜市場通」

若頭一次來中華街就從這裡開始！

元町・中華街站2號出口
↓ 步行即到
中華街朝陽門（東門）
↓ 步行8分
中華街善鄰門
↓ 步行4分
横濱中華街關帝廟
↓ 步行5分
市場通北入口
↓ 步行5分
横濱媽祖廟
↓ 步行5分
元町・中華街站2號出口

👍 走累了就休息一下

關帝廣通上的山下町公園內有座中國風涼亭香芳亭，裡頭設有長椅，是在公園嬉戲的小孩以及在中華街工作的廚師等，散步途中遇見的人們休憩的場所。

7

中國菜 まるた小屋

推薦菜是用整隻螃蟹炸成的「炸軟殼蟹」590日圓。■16:00〜23:00LO（週六、日、假日為11:30〜）／週一休（逢假日則翌日休）／☎045-663-7292

◀「炸軟殼蟹」590日圓，也可外帶

從這裡出發

往元町・中華街站…從橫濱站搭橫濱高速鐵道港未來線需8分、210日圓

南門絲路～市場通 推薦美食地點

狀元樓●使用魚翅、燕窩和海參等高級食材的上海菜。想要全部嘗嘗看的話，可點「狀元特級燉魚翅」1份6800日圓～。此外午餐還有魚翅全餐2900日圓～（2人以上起餐），價格合理。■11:30～22:00 LO／無休／045-641-8888

重慶飯店 橫濱中華街 新館餐廳●辛辣中帶著深奧風味的川菜館。可品嘗特製麻婆豆腐與當季食材的「四川料理滿喫全餐」7560日圓。■11:30～22:00LO（週二的14:00～16:30休息）／無休／045-681-6885

金鳳酒家●將小籠包表面煎得酥脆的正宗生煎包（4個500日圓）大受好評。有嚼勁的麵皮與在口中散開的肉汁讓人一吃上癮。■11:00～21:30LO／無休／045-681-9717

景德鎮●在這裡可嘗到正宗川菜。菜色標示微辣至極辣3種等級。熱門菜是四川麻婆豆腐1890日圓。■11:30～21:00LO（週六、週日、假日為11:00～）／無休／045-641-4688

三和樓●使用大量海味的上海菜餐館，特色是味道清淡、充分發揮食材的滋味。鄉土菜「黑豆炒小扇貝與蔬菜」1680日圓。■11:30～20:45LO／週三休（逢假日則翌日休）／045-681-2321

---

1 重慶飯店 本館商店

伴手禮

販售甜食與點心等原創商品。最受歡迎的是中華甜點「番餅」918日圓。裡面放有籤紙的「幸運籤餅」也很推薦。■10:00～21:00／無休／045-651-0820

◀ 酥脆餅乾中放有籤紙的幸運籤餅（1袋）507日圓

---

12 青葉 新館

中國菜

可同時嘗到台菜與藥膳。菜色豐富，從單點台菜到有益美容與健康的藥膳全餐一應俱全。■11:30～22:00／不定休／045-663-3770

◀ 從4道菜中自由選擇的午間套餐756日圓。照片裡是「炒時蔬」

---

11 橫濱大世界

複合設施

館內有商店和中華美食街等豐富設施。還有可看、可摸也可拍照的錯變藝術博物館。■10:00～22:00（視樓層而異）／無休／045-681-5588

◀ 重現古老中國街道的美食街

---

10 ぱんだや

雜貨

玩著輪胎的貓熊十分引人注目。店內貓熊商品擺得滿天滿地。杯子和筷枕等原創商品也頗受好評。■10:00～19:00（週六、週日、假日到20:00）／不定休／045-222-6488

◀ 喜歡貓熊的人不可錯過的商品應有盡有

---

2 謝甜記

粥

以干貝或全雞高湯花費超過4小時熬煮的粥品超過15種。「干貝粥」980日圓■10:00～14:55、16:30～20:25（週六日、假日為10:00～20:25）／週二休／045-641-0779

◀ 鹹度恰好處的「蔬菜粥」710圓，也很適合早餐吃

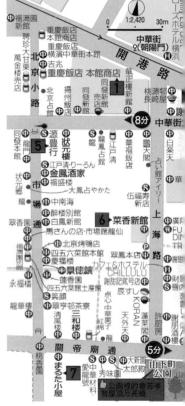

---

9 橫濱媽祖廟

寺廟

是航海的守護神，也是抵禦災害與疾病的女神「媽祖」，與月下老人、文昌帝君、註生娘娘、臨水夫人合祀。廟裡的雕刻非常優美。■9:00～19:00／無休／祭拜用線500日圓／045-681-0909

◀ 使用台灣熟悉的粗線祭

横濱中華街

よこはまちゅうかがい

四處散布著獨特景點

[香港路～西門通]

散步時間約 2小時30分

元町・中華街站 2號出口
↓ 步行即到
中華街 朝陽門（東門）
↓ 步行8分
中華街 善鄰門
↓ 步行4分
橫濱中華街 關帝廟
↓ 步行5分
市場通 北入口
↓ 步行5分
橫濱媽祖廟
↓ 步行5分
元町・中華街站 2號出口

---

1 中華菜館 同發 別館商店

中華甜食、點心

為廣東菜館「同發」別館的商店。名品是中華風蜂蜜蛋糕「馬拉糕」，蒸糕溼潤的糕體帶著濃郁蛋香。■11:00～21:30／無休／☎045-681-6331

◀左起是「菊花派」180日圓、加入芝麻的黑豆沙餡派150日圓、黑豆沙蓮蓉餡的中華點心（4個）240日圓

2 照宝

中餐廚具

しょうほう

商品項廣泛，不論初學者或專家皆合適。中華鍋為料理2～3人份用，2700日圓～。重量輕，平時在家裡女性也能輕鬆使用，非常受歡迎。■11:00～21:00／無休／☎045-681-0234

◀自家製品多，售後服務也很周到

◀中華甜點店「聚楽」的中秋月餅，僅9月中旬～10月販售，最好先預約

4 インポート西芳

進口雜貨

さいほう

從旗袍到食器、玩具等商品五花八門的雜貨店，光是看看也很有趣，價格在1000日圓以下的不少。也有茶或皮蛋等食品。■10:30～22:00／無休／☎045-681-6620

◀五顏六色附濾茶器的馬克杯，1080日圓

3 ホルン

喫茶店

創業40年，可喝到在香港非常普遍的鴛鴦茶。配合日本人的口味，不使用煉乳而是添加砂糖。■11:00～20:00／週四休／☎045-681-7552

◀店內為讓人放鬆的懷舊風格

👍 中華街的象徵──牌樓

橫濱中華街的東西南北方分別建有刻著青龍、白虎、朱雀、玄武的牌樓，據說有驅邪兼興旺的效果。其他還有位於大通以中華街善鄰門為首的6座牌樓，也都非常豪華。

地圖

🚻＝紅鞋號(P.75)乘車處

HAMAYA

1:2,420　30m

四中興食品公司
日本穀物檢定協会 横浜支部
中国家庭料理 山本
中華街整体院
萬珍樓點心舖
福滿園新館

3 ホルン
梅蘭 隆運
金龍 重慶飯店
オレンジ 揚州一号店
海南飯店
揚州茶樓
華龍飯店
聘珍樓横濱本店
同發別館
萬來行
龍城飯店
龍海飯店
王府井
王府井
彩香
北京小路
龍門
ダリアン中華街店
狀元樓
崎陽軒売店
一笑
北京
2 照宝
別館商店
萬菜館同發
別館商店
1
白鳳
海員閣
龍興飯店

華陽園
梅林苑
四川麻婆
安記
老維新
四川麻婆
順海閣酒家
清香園
盛華
酔楼別館
白鳳

東光飯店
別館
翠香園
福滿園別館
牡丹園
つね勝
四五六菜館本館
四五六菜館
土産館
景德鎮

酒楼
CAFE
MIRE
中山路
新綿江
心龍
隆昌園
東珍味閣
babco
朧天閣
baboo
5分
保同小路
四川飯店
上海飯店
大珍味
台南小路
福楼
永昌
龍華樓
點心中華甜館
紅棉社
蓮香園

横濱中華街
關帝廟
7
七福
長城飯店
興福
光龍飯店
江戸清
京華樓
桃香園
清風楼
景德鎮
龍翔飯店
聚英
愛中華號材料

8
關帝廟通員店
六福
安田酒店
碧泰商行
悟空茶莊 9
イーポート龍門
龍翔記
隆泰商行
新館翡翠商行
品珍樓
新翡翠
龍號材料

中山路
中華民國
横濱
横濱中華街
關帝廟
山門

關帝廟通

香港路

中華街裡最窄的主要巷弄，全長也只有約30m。

香港路～西門通 推薦美食地點

聘珍樓橫濱本店●1884（明治17）年創業的廣東菜老餐廳。有飲茶樓層，可享用豐富多樣的點心。1個227日圓～，最少可點1個。■11:00～15:00、17:00～21:00LO（週六為11:00～22:00、週日、假日為11:00～21:00）／無休／☎045-681-3001

海南飯店●1956年創業的廣東菜館，明亮的家庭式氛圍。划算的午間套餐有蔥花蕎麥麵等主食，配上半份炒飯、春捲、點心等7盤1080日圓。■11:00～22:00／無休／☎045-681-6515

均元樓●沉靜的中國古典氛圍。特色是菜餚中大量使用中國酒或葡萄酒。推薦菜是「乾燒蝦仁鍋巴」3000日圓。■11:30～21:30（週五、週六、假日前日到22:00）／無休／☎045-651-9346

萬珍樓本店●廣東菜老餐廳，1892（明治25）年創業。堅持不添加化學調味料，只使用有產銷履歷的食材。全餐6000日圓～。■11:00～22:00／無休／☎045-681-4004

特別推薦 Point!

8 駄菓子百貨店 關帝廟通店

雜貨

有一大排俄羅斯娃娃和便當盒等貓熊商品。戚風蛋糕「橫濱貓熊」（12個裝）600日圓。■10:00～20:00（週六到21:00）／無休／☎045-633-2303

◀左起是貓熊襪子3雙1080日圓、貓熊便利貼320日圓

9 悟空茶莊（ごくうちゃそう）

喫茶

中國茶與茶具專賣店。2樓有喫茶室，可享用茶和點心等輕食。中國茶600日圓～。■11:00～20:00（喫茶為11:30～）／第二週二休／☎045-681-7776

◀上凍頂烏龍茶880日圓、茶點拼盤45□日圓

7 橫濱中華街 關帝廟（かんていびょう）

寺廟

參拜10分

供奉三國武將同時也是商業之神的關羽。參拜的同時，也別忘記欣賞雕刻、五顏六色的屋瓦和石階上刻的龍。■9:00～19:00／無休／寺廟內線香費500日圓／☎045-226-2636

◀寺廟中央供奉關羽，左右配祀神像，也有地母娘娘和觀音菩薩

▲立在關帝廟通上的新聞（報紙）誕生地碑。1884（元治元）年約瑟彥在此地發行了報紙

若從這裡出發

往石川町站…從橫濱站搭JR根岸線需7分、154日圓

→ 到石川町站約400m

6 ニライカナイ

舒壓

從輕鬆的腳底按摩到芳香療法、溫熱療法等正式舒壓療程都有，散步之後去一趟吧。■11:00～22:30（週六、日、假日為10:00～23:00）／無休／☎045-681-2015

◀從腳底按摩到頭部等各式各樣的療程為35分3780日圓～

5 ダリアン 中華街店

中國菜

有滿滿肉汁和Q彈麵皮的大連煎餃7個68□日圓。正宗菜色和點心不在話下，添加香□的餐點也很受歡迎。■11:00～24:00／□休／☎045-633-9199

◀有一圈漂□脆皮的大連□餃，幾乎所□客人都會點

9
咖啡廳 LENTO

老闆曾在人氣咖啡廳CICOUTE CAFE工...推薦塔和以蔬菜牛肉燉煮的牛肉燴...。■11:00～18:00（週五、六、日到...0:00）／週三休／☎045-263-6063

◀牛肉燴飯和LENTO風沙拉附麵包的套餐1590日圓

10
甜甜圈 はらドーナッツ

不添加防腐劑的安心甜甜圈。最受歡迎的是使用豆渣和豆乳製作的はらドーナッツ120日圓。美味的Q彈口感。■10:00～19:00左右／無休／☎045-651-7858

◀許多美味又健康的甜甜圈

廣域圖 p.72-H・K・L

元町
もとまち

橫濱傳統風格的發信基地

散步時間約 **2小時00分**

元町・中華街站 5號出口

↓ 步行2分

元町PLAZA轉角

↓ 步行6分

喜久家洋菓子舖前

↓ 步行2分

松下家具店前

↓ 步行3分

本牧通元町交叉路口

↓ 步行4分

石川町站元町口

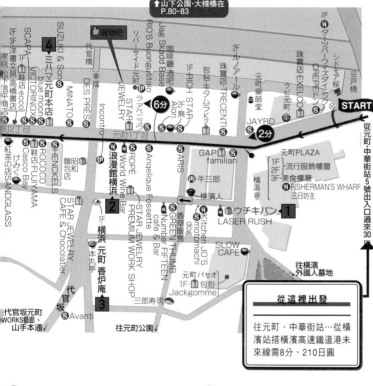

↑山下公園・大棧橋在 P.80-83

START

從這裡出發

往元町・中華街站…從橫濱站搭橫濱高速鐵道港未來線需8分、210日圓

貼心寵物的「寵物吧」

元町有許多人喜歡帶著狗狗一起逛街，因此到處都設有散步途中讓狗狗喝水的專用飲水處「寵物吧」，商店店員每天早上會準備新鮮的飲用水。

2
炸豬排三明治 浪漫館橫浜

販售手工炸豬排三明治和炸豬排的店。經...～4週低溫熟成後，以獨家「蒸炸法」炸出...的豬排柔嫩多汁。■11:00～20:00／不...休／☎045-226-2120

◀以厚豬排自豪的「芳醇炸里肌三明治」780日圓

1
麵包 ウチキパン

從首位在日本製造並販售吐司的Robert Clark手中繼承的店。「英格蘭」吐司1斤360日圓。■9:00～19:00／週一休（逢假日則翌日休）／☎045-641-1161

◀左邊是有圓潤酸味的酸麵包220日圓，右邊是起司麵包240日圓

6

西點 喜久家洋菓子舖
きくやようがしほ

西點老店，食譜為山手的外國人所傳授，將烤出來的蛋糕風味傳承至今。有30種以上的平價蛋糕。■10:00～19:30／週一不定休／☎045-641-0545

◀蘭姆球237日圓，用巧克力包起以蘭姆酒提味的蛋糕，是店內熱銷第一名的商品

7

蕾絲 近沢レース店

以「夢想和餘裕」為主題的蕾絲專賣店。陳列桌巾、包包及披肩等原創設計商品。毛巾手帕918日圓～。■10:30～20:00／不定休／☎045-641-3222

◀有許多色調柔和的商品

8

銀製品 SILVER OHNO

有數千種每天早上擦亮的銀飾。以「不拘於流行，任何世代都可佩戴」為理念，原創飾品、餐具等品項眾多。■10:30～18:30／週一休／☎045-641-1275

◀銀製品陳列在沉靜的氣氛當中

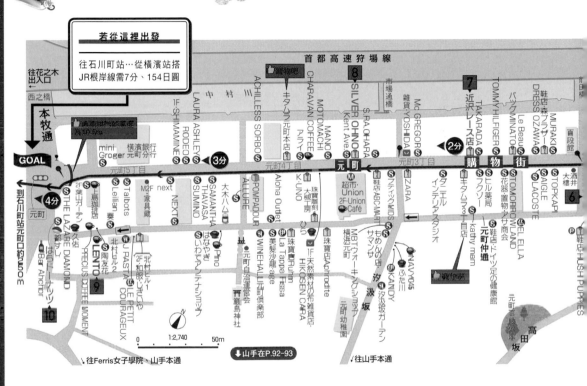

若從這裡出發

往石川町站…從橫濱站搭JR根岸線需7分、154日圓

到石川町站元町口元町口約250m

→山手在P.92-93

往Ferris女子學院、山手本通

往山手本通

5

法國菜 霧笛楼
むてきろう

在這裡可以吃到既遵循傳統卻又不會感覺凝重的法國菜。午餐3780日圓～、晚餐8640日圓～。■11:30～14:00、17:00～20:00LO（週六、日、假日的中午到14:30）／週一休／☎045-681-2926

◀懷舊風格的店內令人回想起開港時的橫濱

4

鞋子 ミハマ元町本店

深藍、白、黑等耐看的傳統設計廣受支持。必買商品低跟鞋為12420日圓～。■10:00～19:00／週一不定休／☎045-641-1221

◀ミハマ的鞋子是橫濱傳統style三寶之一

3

和菓子 横浜 元町 香炉庵

使用健康食材的和菓子店，2樓還有可用餐的「茶寮」。■10:00～19:00（茶寮為11:00～16:30LO，週六、週日、假日為17:00LO）不定休／☎045-663-8866

◀黑糖銅鑼燒194日圓，混入黑糖的餅皮與淡甜的豆沙館非常搭配

6 岩崎博物館

<博物館>

參觀 30分

橫濱學院開設的博物館。展示從古至今服飾設計的變遷及Emile Galle蒐藏。■9:40～18:00（最後入館為30分前）／週一休（逢假日則翌日休）／300日圓／☎045-623-2111

◀洋裝體驗區2000～3000日圓，也有童裝

7 橫濱市英國館

<洋房>

參觀 20分

1937（昭和12）年興建的英國大使館公邸，厚重洋房的摩登外型與傳統更增添風情。■9:30～17:00（7、8月到18:00）／第4週三休（逢假日則翌日休）／免費／☎045-623-7812

◀草坪的綠也十分漂亮，隔壁還有玫瑰園

8 山手ローズテラス

<法國菜>

位於港見丘公園的觀景點，可一覽橫濱海灣大橋。午餐1860日圓～，晚餐3000日圓～。也推薦咖啡廳。■10:30～19:30LO／無休／☎045-621-9684

◀品嘗創意獨到的甜點與咖啡，小憩片刻

9 山手111號館

<洋房>

參觀 15分

J.E. 拉芬的宅邸，建於1926（大正15）年。充滿開放感的挑高大廳非常漂亮。■9:30～17:00（7、8月到18:00）／第2週三（逢假日為翌日休）／免費／☎045-623-2957

◀包夾著噴水池廣場矗立，設計師為J. H.摩根

10 縣立神奈川近代文學館

<文學館>

參觀 45分

第1展示室裡展示以神奈川為舞台的作品原稿，第2、3展示室介紹夏目漱石、太宰治等42位作家。■9:30～17:00／週一休（逢假日則開館）／視展覽會而異／☎045-622-6666

◀第2、3展示室也會舉辦特展及企畫展

廣域圖 p.72-H・L

山手 やまて

洋房櫛比鱗次的散步道

散步時間約 4小時00分

元町·中華街站6號出口

↓步行4分

橫濱外國人墓地

↓步行5分

艾利斯曼邸

↓步行6分

岩崎博物館

↓步行6分

大佛次郎紀念館

↓步行3分

縣立神奈川近代文學館

↓步行5分

港見丘公園

↓步行6分

元町·中華街站5號出口

洋溢異國情調的風景

異國風情城市橫濱的代表風景之一，橫濱外國人墓地。19世紀中葉～20世紀間約有4400位外國人埋葬於此。（開放日期與時間）

美國山公園

和美國公使館有關聯的地方，位於名為美國山的山丘上，延伸至元町·中華街站車站上方的立體都市公園。還有埋入老地圖與照片的紀念碑。6～23時開園。

港見丘公園

橫濱的觀景名勝，以無可動搖的人氣為傲。可將橫濱港、山下公園及港未來地區盡收眼底。

從這裡出發

往元町・中華街站…從橫濱站搭橫濱高速鐵道港未來線需8分、210日圓

4 艾利斯曼邸
洋房 · 參觀20分

1926（大正15）年興建的弗里茲・艾利斯曼公館。特色是大窗戶與日光浴間。■9:30～17:00（7、8月到18:00）／第2週三休（逢假日則翌日休）／免費／☎045-211-1101

▶安東尼・雷蒙設計的洋房

特別推薦 Point！

5 白利普公館
洋房 · 參觀15分

建於1930（昭和5）年的B.R.白利普公館。可參觀客廳、有溼壁畫的兒童房等等。■9:30～17:00（7、8月到18:00）／第2週三休（逢假日則翌日休）／免費／☎045-663-5685

▶曾經是國際學校的宿舍

3 えの木てい
咖啡廳

利用白牆紅瓦洋房開設的茶室。花草點綴的庭園裡矗立著建築物，洋溢著彷彿從繪本中跳出來的氛圍。■11:00～18:30LO／無休／☎045-623-2288

▶蛋糕加咖啡的套餐1134日圓

2 Christmas Toys
聖誕節商品

全年販售聖誕節商品，有聖誕老人和樅樹的裝飾品等等。緊鄰鐵皮玩具博物館。■9:30～18:00（週六、週日、假日到19:00）／無休／☎045-623-1696

▶一大排各式各樣的聖誕老人商品

1 山手資料館
資料館 · 參觀15分

1909（明治42）年興建的洋房。1977（昭和52）年移建後作為資料館，展示當年的管風琴和食器等等。■11:00～16:00／週一休（逢假日則翌日休）／210日圓／☎045-622-1188

▶美麗的翡翠綠建築

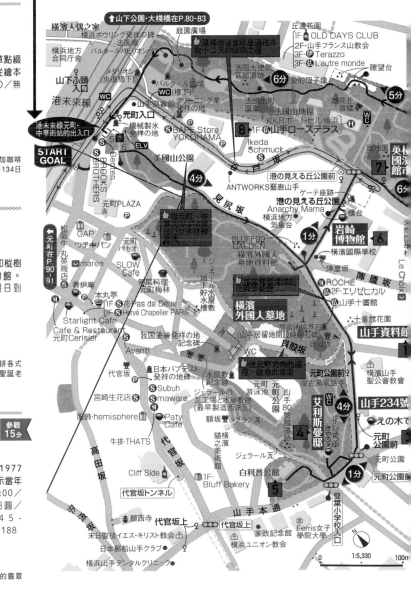

三溪園～本牧

さんけいえん～ほんもく

外國人也喜愛的密西西比灣

4 本牧山頂公園

公園

參觀20分

原為駐日美軍的高級住宅區，還留有當年的樹木與石牆。現在是當地居民休憩的場所，地理位置一等一，是絕佳的散步路線。
■園內自由參觀

◀見晴山上有360度的視野，天氣好的日子還能看到富士山

5 本牧館

麵包店

磚造的復古外觀，100種以上剛出爐的麵包散發著香氣。添加蜂蜜的特製麵包6片裝260日圓，非常搶手。■6:30～20:00／無休／☎045-624-0080

◀從每天都想吃的必買麵包到硬式鹹麵包，種類豐富

6 Honmoku Hello! Cafe

咖啡廳

咖啡廳兼小餐廳，建築物仿自軍營。原創哈囉咖哩1000日圓，香辛料的風味非常受歡迎。背景音樂是巴薩諾瓦。■11:30～16:00、17:30～22:00／週一休／☎045-263-6404

◀撫慰心靈的咖啡廳，彷彿在自己家裡休息般放鬆

7 マツザキ商店

軍用品商店

販售在本牧或美國收購的美軍轉售品。有40年代～90年代的服裝、靴子、食器等等。■11:00～19:30（週日、假日為13:30～18:30）／不定休／☎045-875-5852

◀搶手的軍襯衫，迷彩花紋的可用2500日圓左右買到

若從這裡出發

往二の谷巴士站…從根岸站搭橫濱市營巴士58路、往みなと赤十字病院方向需7分、216日圓。若從櫻木町站出發則搭99路、往磯子車庫前方向，需29分、216日圓

三溪園的糰子超美味！

散步途中巷想休憩一下，就去三溪園茶寮吧。名品手烤醬油糰子及海苔醬油糰子各為150日圓，非常好吃，醬汁也是自家製作。■9:00～17:00／☎045-621-1269

上海橫濱友好園

位於本牧市民公園一角，為紀念上海與橫濱結為友好都市15週年而建造，為中國江南樣式的庭園。

散步路線右側站點：

本牧巴士站
↓ 步行10分
三溪園正門
↓ 步行9分
湖心亭
↓ 步行20分
橫濱市八聖殿鄉土資料館
↓ 步行11分
本牧三溪園前巴士站
↓ 步行11分
橫濱市中圖書館
↓ 步行11分
本牧山頂公園休憩所
↓ 步行16分
二の谷巴士站

地圖標示：

牧いずみ公園
往元町・中華街方向
牧宮原
チンコ
ONACO
パークシティ本牧
UO CAFE
横浜市本牧原地域ケアプラザ
イオン本牧店
2F・みずほ
Café dé Anque
Gloria Café
ふじやま亭
西班牙通
なか卯
La Ohana
357
大鳥中学校前
大鳥中学
本牧漁業組合入口
牛肉涮涮鍋・せんざん
キッチンさし田
本牧郵元町
吾妻神社
吾妻神社前
本牧漁業組合前
千藏寺
多聞院
魚屋の魚料理うおとみ
多聞院前
食房ジャスリン
本牧・根岸地區福祉文化中心
本牧大里町
本牧元町
本牧元町
本牧元町入口
關海苔店

N
1:12,250
0   200m

1

餐廳、土產店 小島屋
<small>こじまや</small>

位為三溪園門前，現在的老闆是第三代。可品嘗到清爽的古早味拉麵600日圓，以及甜味牛肉咖哩650日圓等輕食。■9:00～17:00／不定休／☎045-621-0659

◀可輕鬆品嘗熱門的拉麵及牛肉咖哩

2

庭園 三溪園

參觀 90分

1906（明治39）年做生絲貿易致富的企業家原富太郎對外開放。園內散布著已指定為國家重要文化財或市指定有形文化財、歷史價值極高的建築物。最引人注目的是據傳為過去位在和歌山的紀州德川家別墅「巖出御殿」的「臨春閣」，內部隨處可見以狩野派為中心的障壁畫，以及茶室風格書院結構的設計。另外還有帶著濃厚禪宗樣式特色的舊東慶寺佛殿，以及原本是建長寺附近的心平寺地藏堂、後來成為原家佛堂的天授院等等，這些與鎌倉淵源深厚的建築物都被移建來此地。■9:00～17:00（入園～16:30）／無休／700日圓／☎045-621-0634

特別推薦 Point!

▲臨春閣，前身可能是豐臣秀吉建造的聚樂第遺跡，內部不公開

3

資料館 橫濱市八聖殿鄉土資料館
<small>はっせいでん</small>

參觀 15分

仿照法隆寺夢殿的建築物非常引人注目。從這裡展示的道具和照片，可學習從幕末到明治時代本牧、根岸一帶的漁農業歷史。■9:30～16:00／第3週三休（逢假日則翌日休）／免費／☎045-622-2624

◀館名的來源「八聖像」，由著名的雕刻家們製作

從這裡出發

往本牧巴士站…從根岸站搭橫濱市營巴士58路、往みなと赤十字病院方向約11分、216日圓。若從櫻木町站出發則搭8路、往本牧車庫前方向，需27分、216日圓。

◀在三溪紀念館內的茶席「望塔亭」可享用附點心的抹茶500日圓

◀由三溪園的大池望見舊燈明寺三重塔

INDEX 索引

國家圖書館出版品預行編目(CIP)資料

鎌倉散步好朋友／實業之日本社旅遊書編輯部作；
彭智敏翻譯. － 第一版. －新北市：人人, 2018.09
面；公分 . －(散步好朋友；3)

ISBN 978-986-461-149-2 (平裝)

1.旅遊　2.日本鎌倉市

731.72749　　　　　　　　　　107011036

JMJ

【 散步好朋友系列 3 】

鎌倉散步好朋友

作者／實業之日本社旅遊書編輯部

翻譯／彭智敏

校對／陳宣穎

編輯／林庭安

發行人／周元白

排版製作／長城製版印刷股份有限公司

出版者／人人出版股份有限公司

地址／23145新北市新店區寶橋路235巷6弄6號7樓

電話／（02）2918-3366（代表號）

傳真／（02）2914-0000

網址／http://www.jjp.com.tw

郵政劃撥帳號／16402311 人人出版股份有限公司

製版印刷／長城製版印刷股份有限公司

電話／（02）2918-3366（代表號）

經銷商／聯合發行股份有限公司

電話／（02）2917-8022

第一版第一刷／2018年9月

定價／新台幣 199元